***It is so true what Clemenceau said that war is a too serious thing to be left to the military.***

*Gh. Vrănceanu, 1944*

Claudia Lidia Badea

# Documenta ad Commentarium

*1940-1944*

***geometres Gheorghe Vrănceanu***

**Impressum**

Bibliografische Information der Deutschen Nationalbibliothek:
Die Deutsche Nationalbibliothek verzeichnet diese Publikation in der Deutschen Nationalbibliografie; detaillierte bibliografische Daten sind im Internet über http://dnb.dnb.de abrufbar.



Lektorat: Claudia Lidia Badea

Herstellung und Verlag: BoD – Books on Demand, Norderstedt

ISBN: 9783753453538

MIX
Papier aus verantwortungsvollen Quellen
Paper from responsible sources
FSC® C105338

## Content

# Preface

It was in one of those rare rainy days when if you look outside you fall into depression and when, after drinking your coffee you look helpless around in hope that something will stir up your interest and fill the emptiness of heart and mind.

Being in this not at all happy state of mind, I threw my eyes to the shelves of my library and realized that it would be appropriate to put a certain order between the books, which I have not done for years.

On the shelf right to the door, I had a pile of books brought from my little library in Romania. Among the volume to Etymologicum Linguae Latinae from 1775, I noticed a black hardcover Notebook that still looked very old.

I draw it out and noticed that on the label besides some greats, probably "Geometrie", appears a signature and this is « Gheorghe Vrănceanu ».

Well, yes, I remembered, it's about that Notebook of Professor Gheorghe Vrănceanu that Cornel once told me.

Things happened this way.

Between 1955-1959 Cornel Simionescu was appointed assistant at the Department of Analytical and Higher Geometry of the Faculty of Mathematics and Physics at the University of Bucharest. Head of the Department was Professor Gh. Vrănceanu. One day, the professor entrusted him with keeping this Notebook, saying that he hardly saved it, he could not keep it at home because of his wife, his first wife, who has torn a few pages and wanted to destroy the Notebook.

Besides, he himself recorded this incident in the Notebook. His last words on September 10, 1944, are:

*My situation is unchanged. Thoughts and thoughts torture my peace day and night. Some of my notes were discovered by Julia and were torn from this notebook. She does not want to accept any of those rules that say that a person has the right to have his own thoughts.*

In 1959, Cornel Simionescu moved to Braşov where he was appointed as a professor at the Department of Mathematics of the Polytechnic Institute. Later on, he was elected as Dean of the Faculty of Mathematics at the University of Braşov.

He had a close scientific collaboration with professor Vrănceanu, who was also his Ph.D. advisor. Just more than that.

In those years, Vrănceanu was looking to spend more time with Cornel, he needed his company, he needed to talk with him. Vrănceanu was impressed by Cornel's penetrating reasoning, by his brilliant intelligence.

I think he especially needed his human proximity. The roots of both were in Moldova, Vrănceanu was born in Vaslui County, and Cornel in Bacău, both of whom spoke the Moldavian dialect of the Romanian language.Acad. Gh. Vrănceanu passed away in the year 1979.

When Cornel moved to Braşov, the black Notebook was lost in packs of books, magazines, and papers. Cornel used it as his own notepads, wrote his own mathematical computations, did some drawings and wrote a bunch of poems.

After Cornel's death, his library came to me and I left Romania. For many years I did not have the time to search in this library.

Recently I discovered the article written by professor Solomon Marcus, who was a member of the Romanian Academy, titled «From the memories of Gheorghe Vrănceanu», published in the newspaper "România literară" no. 11 of 2005.

Here is a fragment:

*"Seldom among mathematicians, Vrănceanu wrote his memoirs, which he gave for publication to "Scrisul românesc" Publishing House in Craiova. I remember him presenting some fragments in television shows. I cannot forget the evocation of his childhood;*

*was that of a genuine narrator, in the Moldovanian tradition of Creangă and Sadoveanu. Surprisingly, in the late 1970s`, it has been announced the first issue. However, these memories had never seen the light of the print. It seems that someone, probably a member of the family retrieved the manuscript from the Publishing House. Since then, nothing has been known of them."*

Furthermore, Solomon Marcus writes that:

*"In the 1990s, a descendant of the Vrănceanu family, from his last marriage, provided a text that seemed to be a fragment of missing memories. The Academy Publishing House handed me the text for the control, and I partially corrected a series of inaccuracies. The text was printed in a very careless way. Since then, many years have passed and nothing has been published."*

I immediately thought, maybe the black Notebook could contain some interesting facts. Indeed, among many useless pages, I could discover some impressions written by Acad. Gh. Vrănceanu in the years of the Second World War.

The interest in Gheorghe Vrănceanu's memoirs is great, years go by and here we are in 2021 and I think it is my duty to let known some of the notes I found.

I should mention that these notes cover a time interval of four years only, the heavy years of the World War II with so many political changes.

The notes give an inside in the daily personal life and work of one of the greatest scientists of Romania, in one of the difficult periods of time in Romania's history, that of the World War II.

The notes are of course written in Romanian. They were probably wishing to be, if not daily, at least weekly or monthly just finally the breaks between notes were almost a year.

Professor Vrănceanu writes down his cares, thoughts, feelings, discontents, pains rather than joy, as the diary is written in the years of war. He starts writing in the spring of 1940 and the last lines date back to 1944.

In the second part, we find the copies of the Personal Notes. There are also few manuscripts of some of the mathematical works, published latter, as well as his work drafts, his attempts, notes for the course or synthesis of his mathematical reasonings. I leave the reader the task of managing and understanding these lines.

The whole text of these Notes is so personal, so intimate, written with so much feeling, it is so Romanian, that it seems to me that a translation of it into English or any other foreign language alters its substance and loses Vrănceanu.

Therefore, I will limit myself to a short presentation of some parts of the personal notes. I will try to be as much as possible close to the original text.

Subsequently I am adding some copies of the original Notes.

# Personal Notes

## *1940-1944*

In 1940, Vrănceanu was a 40-year-old university professor and was for almost a year with the Department of Analytical and Superior Geometry at the University of Bucharest.

On September 1, 1939, World War II began and following the Ribbentrop-Molotov Pact of August 23, 1939, and the ultimatum presented to Romania in June 1940, the Soviet armies occupied the old Romanian territories of Bessarabia, northern Bucovina and the territory of Herța, an area of 50,762 km2 with about 4 million inhabitants, most of them ethnic Romanians. The evacuation of approximated 200,000 inhabitants of all ethnicities had to be made only in a few days that caused a revolt among the Romanian population and led to many incidents and violence.

Sometimes in 1940 Vrănceanu starts writing in this diary:

***I start these notes in very difficult moments for our country as well as for Europe. After a four-year war to which I did not take part, being too young, another war, more devastating and frightening and it is not understandable why.***

***One talks about life ideals just there are many contradictions. We who for 22 years made a policy in which our eastern neighbor was absent, are faced with one of the most painful pages of our history, those losing two of the provinces of the old Moldavia that are***

***Romanian territories and mirrors of former Moldavian life.***

***The old inhabitants of Bessarabia and Bukovina that lived eventually in some other places had a hard time when realized they cannot return home. The policy we have followed yet has to be strongly condemned. Among the lower classes, peasants, workers, life is very difficult. The poverty has been progressing ever since, due to badly "fiscalism", heavy and often unnecessary bureaucracy.***

***In foreign policy no encouraging signs. It is only that a great empire defends its right to life, which right now coincides with the right of others. The opposing forces are so strong that only a miracle could stop them.***

As Vrănceanu had worked for ten years at the University of Cernăuți in Bucovina, he was strongly affected by this event and this is reflected in his Notes. One year he was unable to continue writing as he declared on May 27. 1941:

***I did not have the strength to continue these Notes that I started almost a year ago. And how many events happened since then. However, my belief in God's righteousness on earth remains unbroken.***

***Today, radio L. communicates that the battleship Bismarck of the iron chancellor, who destroyed the British battle-cruiser HMS Hood and damaged the new battleship Prince of Wales, was defeated and sunk. Some peoples have a strength which remains unshakable in front of the greatest difficulties. Britons who for a long time have been considered to be a nation dealing only with their interests, today they present themselves differently. How wrong were those opinions that associated the size of their empire with pure chance and luck? The news from Iraq seems relatively good.***

***Hess, who prepared such a surprise for the entire political world landing in Scotland. And yet I do not think he's a lot healthier than others who thought him crazy. It is so hard to bear the news because of the way they are handled by the press. Good luck with Marconi's invention!***

During this time, Romania lost new territories. By August 30, 1940, through the Second Vienna Diktat, the members of the Axis forced Romania to give Hungary half of Transylvania. A week later, under the Treaty of Craiova, the southern part of Dobruja, the Cadrilater, was given to Bulgaria. Under these circumstances, a new government led by General Ion Antonescu came to power and for four months had to share power with the Iron Guard. This time is characterized by the atrocities of the Iron Guard.

Prof. Vrănceanu was impressed by the battle for the island of Kreta occupied by the Wehrmacht in May 1941. He believed that the Allies should have used another strategy. He reminds Roosevelt's speech.

On May 31,1941 Vrănceanu writes:

***Encouraging and discouraging events. The situation in Kreta is getting worse, but the situation in the Irak seems to come to an end. Roosevelt speech has greatly encouraged those who believe, as he says, in freedom and Christian ideals. The decision to initiate an unlimited alarm system shows that the United States are determined to go the long-awaited way, that of the armed intervention. For the time being, however, one speaks about arms and armament only. It is seen what value they have. In Kreta, the situation would have been different if they had had more aviation. In any case, this fight has shown how difficult it is to conquer an island when so well defended. However, the success there seems to come too late; meantime, things seem to settle down in Iraq where Regent Ali Raisid fled to Iran.***

On June 22, 1941, Romania entered World War II under the command of the German Wehrmacht for recovering Bessarabia and northern Bucovina which happened by the end of the year. The Romanian Army was involved in the battles of Crimea, Caucasus, river Don and Stalingrad and had great losses in the years 1943 and 1944. It is reported that by the end of the war the Romanian army had suffered almost 300.000 casualties.

Meanwhile, on August 12, 1941, Vrănceanu accepted a new responsibility as an administrator at the House of Schools but did not know if he did the right thing because this job will be time intensive and that at the expense of his scientific work which was anyway reduced lately.

Immediately after the announcement of the "State of War," the professor writes on August 24 ,1941.

***On the 12th of this month, I got in touch with the new position of an administrator in the School House. I've been thinking a lot, and I do not know now whether I've done well to accept this job, which will cost me too much time. But I was thinking that since my scientific activity became much slower than before, because of the events, a break of one year would not mean too much. It is also the fact that no matter in what bad shapes the School House is, I can still patiently do some useful things. But all these depend to a large extent on the events.***

***All these will take me much time, but I am glad that I do not have to think so much on my country's situation and the sacrifices it does for the liberation of Russia from communism.***

***But let me go back to my job. I visited today some of the foundations of the School House in Bucharest. All are in bad shape, except those habited by some House officials. But I will continue to investigate this foundation, perhaps***

***I will find other more encouraging things. I'm sorry, I quite often got a flue and other colds, so that I can not work as much as I want.***

A passage seems particularly interesting, namely that regarding the famous mathematician Levi-Civita.

By virtue of Italy's racial laws of 1938 of the fascist government, Tullio Levi-Civita has been dismissed from his position as a professor at the University of Rome and his membership of all scientific societies has been canceled. Destroyed, ill, Levi-Civita passed away on 29 Dec. 1941.

Vrănceanu received the tragic news through a letter from Libera Trevisani Levi-Civita, the wife of Levi-Civita. Deeply saddened, Vrănceanu writes on February 5,1942

***Levi-Civita died, this is the sad news that a letter from Mrs. Levi-Civita brought to me in response to my letter of the New Year's Eve in which I expressed my hope that better times will come. He died on December 29th. 1941, unexpectedly, as a result of a severe illness, mainly because of the state of mind created by those tightening measures. A man like him, who has meant and will mean so much for the scientific development of the entire world, passed away dismissed from the chair at the University and from different Academies because he was born of parents who had different blood. In a world where such things happen, there is little hope that they can easily cure the illness they suffer. Besides, if for some people died the mathematician L. C., for me died, my spiritual father, because none of the teachers I had, had more influence on my development than he did.***

On May 1942, at the Romanian Academy took place the commemoration of the mathematicians Tullio-Levi Civita and Vito Volterra. Here are Vrănceanu's words on May 7, 1942:

*After several days of heavy fighting, the English troops occupied Suarez port of Madagascar while the French troops still resist in the south of the island.*

*The Academy of Sciences wants to commemorate on Saturday, May 9th the mathematicians Volterra and Levi-Civita. I am thinking if I should say a few words. How sad it is when you can not do as you think and as you feel. It seems embarrassing that someone should discuss such matters. The name of Levi-Civita is so great that it would be a profanation, if someone based on the new racial principles would think to interfere. In any case, I was favorably impressed that Bolletino Matematica thought he could not silence such a loss of Italian science.*

Three days later, on May 10,1942 we find these words:

*Yesterday at the meeting of the Mathematical Section of the Academy of Sciences the mathematicians Tullio Levi-Civita and Volterra have been commemorated. I talked about my beloved master, C. Popovici about both of them and partly about himself and Moisil said a few words about Volterra.*

*I concluded by saying: when I start to describe one of the beauties mathematical works that ever have been written, I have to associate with it the figure of the person that is not leaving anymore, a person in which the human being, the professor and the scientist ware so harmoniously combined and that appeared to me, his student, as one of the most wonderful of my knowledge.*

*In the evening I participated in the dinner that the Italian-Romanian friendship committee gave in honor of Morelli, the new president of the Italian Institute of Culture. Afterward, I accompanied the Rector Hulubei to the party given at the Faculty of Sciences, "The Spring Tea" in Astra Hall.*

***A pretty tough impression left me this youth who consumes his energy in a non-airy room, full of smoke and overheated. I am not at all partisan of these parties in despair. I think many are damaging their health, especially weak as they are now due to the lack of a complete diet.***

***Leaving that party, I went around 1.1 / 2 at the Military Circle, where another student tea lived its last hours. Again smoke, tired faces, sorry, this youth should be offered something else. It's so curious how are trying some governors to attract youth.***

In May, Vrănceanu receives the visit of the mathematician Geppert, along with whom and Onicescu he undertakes a trip to Moeciu and Sinaia. On this occasion, he finds out the bad situation and the food crisis in Germany. Professor Geppert was worried he would not be able to provide enough food to his child. He also reports that on a football match he saw Maria Antonescu, the wife of Marshal Antonescu. Vrănceanu writes:

***In the morning my boy had a little fever, and I had to go out to give some indications for the party in the evening offered by the Propaganda Ministry in the Arta Hall for about 300 students finishing the university week. So, I saw some of the troops returning from the parade. All of them had screamed and strange figures. I was thinking about the words said by the head of the under-lieutenant's promotion this year. Dumitrescu, the head of last year's promotion, died in the campaign in Russia, with about a quarter of his comrades. This is an indication of our great loss. What a terrible situation and a war that is still not over. I think about what the mathematician Geppert said. He spent the last week in April in Bucharest, and he felt he will not see the end of this war. The discussions with him and Onicescu on May 2 while a trip to Moeciu and Sinaia were so interesting and significant in terms of the state of mind Germany's people as well as the food***

***situation. Is that possible that a university professor is afraid of not being able to feed his only child? My boy sent a box of fruit candies to his son Robert. Maybe once, they will meet in better times, when the theories of vital spaces will be forgotten.***

***Today afternoon I have been watching athletics and football games between the Commercial Academy and the Faculty of Law. I noticed the presence of Minister Petrovici and a couple of deans and professors. When I left, Mrs. Maria Antonescu just came into a white pigeon-like look, at a time when peace is so far away.***

In June, 1942, Vrănceanu is a baccalaureate president in Buzău and tells how he was caught by a bombing at the Buzau railway station. On June 25, 1942, he describes what he went through:

***It's been so long since I noticed anything here, and yet so many things could have been mentioned here. I am under the impression of the fall of Tobruk and the withdrawal of the English forces from Libya to the center of Egypt. At the baccalaureate in Buzău where I was chairman between 4 and 12 June, I did not read or listen to the radio, and this way I was a little distracted from this atmosphere of war. However, there are so many things , remembering the war. There are many restrictions and then June 12th it was the bombing of the railway lines at Buzău's railroad station.***

***It happened in the morning at 5:15 when being on my way to the station, I saw approaching at high-altitude a plane, which in the opinion of the Hajdeu highschool servicemen who was carrying my suitcase was not ours. A few minutes later the alarm sounded. That's why together with my assistant Petrescu we've been looking to stop at the high school until the alarm goes off. After a few moments of waiting, when I notice how the roses that***

***were offered to me on the eve before by the baccalaureate candidates began to wither, we headed toward the station. About two hundred meters from the station, an airplane flying at an altitude of about 800 m passed from North to South then West and again North heading toward us. As I watched his flight leaving behind a stream of white smoke, which made Petrescu say that he was touched and that he would collapse, a dull noise and then a robbery robbed us of the uncertainty the plane was not ours. After passing over to North, he was picked up by the anti-aircraft guns. The quadrimotor, however, rose higher and disappeared. Going to the bombed place, I saw the gaps of six bombs, four of them on the lines, interrupting the traffic for about five hours. I also saw four wounded persons.***

***I returned to the Girls' High School where I had been hosted and I waited until the afternoon for the train heading to Bucharest. I've been thinking about all this happening and on our whole life.***

Sometimes July 1942, he received the news of his father's loss. Immediately he left for the funeral at Păuşeşti and the notes from 2. VIII.1942 and 6.VIII.1942 include words of profound pain, memories of his father and sometimes remorse that he could not do more for him. He analyses his current situation and declares himself very dissatisfied with his marriage.

Notes from August 2, 1942

***The last two weeks were full of events for me, the most important being the loss of my father on the morning of 24th July 1942. I had previously received a telegram that he was weak and wants to see me. But I did not think it is that urgent, and I thought I would go together with my boy and Julia out there.***

*I headed on Friday evening to Sinaia to reach Gheorghe. Saturday morning, I received a phone call from Bucharest that my dad was dead. I immediately left by train at 8:14, changed at Ploieşti west, then at Ploieşti south, caught the train from Galați at 11, then changed to the train from Cernăuți at 6 and arrived in Roman at 12 noon. Since the connection to Băceşti was at 4 o'clock I tried to find a hotel room, but the one hotel was closed and another occupied, so I was happy to sleep with my head on a table in the train station's restaurant. At 5:15 am I arrived at Băceşti where I found in the train station a cart that took me to Racova and from there I walked home. Passing to Ivăcescu's estate I relive the memories I keep about my father. I remember being 7 years old, I was with Gheorghe Cercel, the gypsy, my father's trusted man, already dead and it was in a fall. Dad came to bring us food, riding on a horse, and climbing the hill in a hurry.*

*In the village, a sad feeling encompasses you. Once beautiful, high-hedged households that did not want you to see inside, nowadays they are idle, desolate, poverty that you do not know how to explain it.*

*I go down the valley, here is Toader's house, and then I meet Vasile my cousin, who gives me information when my dad died, then the house of Ion and then ours, now inhabited by my sister. The impression of sadness continues. I got home and found my dad among candles, with a few women crying and the reader reading the pillars.*

*I kissed the icon on his chest and the tears began to express the pain of a son who had to leave for years his ill father without being able to help him. I loved my father, for his right nature, for his great energy, for the care he had for me. I was the child who met his ambitions about life. He did everything he could to help me go as far as possible. The first years when I was in middle school were*

***heavy for him. He was so poor, as he once said that he missed even five cents for a matchbox. He paid for my rent in Bacau, as well as in Vaslui. I was thinking about all this and about what life means.***

***Here I am today 42 years old and I don't know how long it will take until I'll follow him. I think that at the age of 20 I could have died before, that's not normal. I have to die after him and my son after me, that is normal.***

***My mother, impressed by the end of my father, brings to my knowledge some of his wishes. He wanted to be buried, not in the cemetery itself, where graves are too tight to another, and a new tomb, sometimes means removing the others, but in front of the church. I spoke to the priest, and he accepted, also taking into account that my father was a long-time trustee of the church and contributed to its restoration. But now again the church was severely destroyed by the earthquake, and I do not know if it can be restored anymore, however, I'll try to handle this as being a desire of my father and I hope that with God's help I will succeed. The funeral took place on Tuesday morning because Monday they not used to bury the dead, people say, shortly afterward more death occurs in the family.***

***It was followed by many people in the village. The weather was beautiful and the sun had begun to burn. Dad had violet-blue eyes and the signs of transformation in the earth were visible. Only the hands were thin with long fingers. I thought my hands probably resembled his and that's because so often attracted the attention of the ladies. We went home and, for the rest of his soul, we all took part in the burial feast. There was a drunk of about 100 people. It was a sign of how much need for better food was there.***

On August 6, 1942 professor writes:

***Dad's death sets before me the question of the meaning of my life. I will, of course, follow him sooner or later, and who knows if I entirely accomplished my duty as a son. It's difficult to say because of my life companion. Whenever I tried to help him more, there were discussions that I am giving too much to my family, more than necessary, followed by appreciations that have hurt me so many times. And had been not the question of a child who needed the support of two, maybe things would have taken another turn. The boy was so wicked and so often needed care, that it was natural my father and family to be left out. Who knows if I was right to think so? Yet I often realized that I was not as much as a good son, as I should have been for what my father did for me. I wonder today if he noticed and if he forgave me.***

On September 13, 1942, Vrănceanu`s comments refer to the events of the war, to what happened in Stalingrad, Caucasus or Madagascar. He is tired, hopes better times will come. He writes:

***Another day of drought. I waited in vain for a telegram from Steliana who arrived yesterday in Vaslui if it was raining at Păuşeşti. A drought that keeps for almost two months. Probably everything dried out before time. A heavy winter is waiting for us. We would have had more need than ever for a good year in agriculture.***

***Now that I only spent five days in Sinaia and five at Carmen Sylva I would like to travel somewhere, but it is so hard to decide, then get the authorization and is also hard from the economic point of view. Life costs have risen about five times since last year, and the salaries are more or less the same.***

***Heavy fighting on the Stalingrad front continued for several weeks. Today we are told that it is a real siege. Instead, more successes in the Caucasus.***

***I'm tired and changed a lot. My dreams no longer have the beauty of the past, I am getting older and my father's death makes me think that it will not take long and maybe I will follow that path predestined from birth. What's worse is that sometimes we also attract others with us and take them in ways that they might not have wanted to follow if they were by themselves. I am missing the will to take decisions, which could mean a break with a past. We continue to carry on the same life, waiting for better times for us and for others.***

On November 6, 1942, he finds himself in the train station in Budapest on his way to Rome. He notes that in Hungary bread is sold on the card, but that consumer prices are generally more convenient than those in Romania. He writes:

***I am at the South Station in Budapest, on my way to Rome to attend the International Mathematicians' Congress to be held in Rome from 8 to 12 November. I am participating as a delegate of the University of Bucuresti. It wasn't sure that I could leave because in case I had to travel through Vienna there was no certainty of finding a hotel room. Now I am traveling in a sleeping car carrying the Romanian economic delegation to Rome. I got a little cold for a few days, and I'm coughing, an old stroke to cool down on the left side. That's why I tried to avoid long walking through Budapest. I have been just for one hour and I entered a restaurant near the main train station. I got a fish soup and a quarter of a roast chicken with a sauce and mashed potatoes. For bread, I was asked for a card, and since I had not, a kind Hungarian citizen handed me his card. For extra portion cheese macaroni, I was again asked for a card receipt, but this time I could not get it. Life seems generally cheaper than in our country and I have seen in particular the shoes of various categories at convenient prices.***

On February 24, 1943 Vrănceanu is worried about how the war will end. He cannot work, and this is something that bothers him. He writes:

***I made a great break in these Notes. I have so many duties that I feel I cannot continue that scientific activity that represents the essence of my life. Political events due to war are the ones that most concern people.***

***It is so true what Clemenceau said that war is too serious to be left to the military. Politicians were right our country should have not entered the war at the risk of territorial losses. How easy has been decided the contrary and today hundreds of thousands of deaths lie on the plains of Russia.***

On September 20, 1943, Vrănceanu is concerned with the progress of the war to Romania's borders and comments the political situation. He writes:

***It has been so long since I noticed anything in this notebook and how many changes have happened. I should probably have written down here, but how important they may have when our own life will soon count so little. Now everything is still here, just like the atmosphere before the hurricane. The circle is tightening more and more. In the East, the Germans retreat I think till a line south of Dniester. The same moves to retreat to Italy have left Sardinia without fighting and probably the same will happen with Corsica. As for us, I have never been to a crossroad like this one.***

***Everyone is afraid of the Russians and so many times we have underestimated them and now we are overvaluing them. That is, no one can stop them occupying all Europe and Asia and maybe other continents too! It hurts me to see what kind of myopic politics have been done before.***

He is hurt by the situation in the country and the poverty everywhere. He is frightened and we find something new: he thinks about financial in case he decides to leave the country. January 1944 finds him in a very bad mood, Russians almost reached the border of the country, is terrified and comments on the whole situation related to Bessarabia, Bucovina, the war against the Russians and the alliance with Germany and Italy.

On January 11, 1944 Vrănceanu writes:

***It's such a long time since I wrote in this notebook. My mood is that low that I do not find the strength to put my thoughts on paper. The circle I was talking about once is tightening more and more. It looks like my foresight will be fulfilled. The Russians are about a hundred kilometers from the borders of the country and there is no sign of improvement. Here the same life goes on as if everything is going on normally.***

***Today I. Simionescu's national funerals takes place, of course, one of our outstanding persons. This does not mean too much for a person who have not managed to avoid the enormous mistakes they have made for several years now. Our place was not on that side. In our villages and in the province, there are misery and poverty. I have to finish writing for today and I must think to find some source of money to allow me, if possible, to move to one of the Western countries.***

On August 23, 1944, King Michael I dismissed and arrested Ion Antonescu, and by the "Proclamation to the Country" announced the return of the arms against Nazi Germany and joined the Allies.

On April 2, 1944, 66 Romanian intellectuals sent a memorandum to Ion Antonescu demanding Romania's exit from the war against the Allies. According to Solomon Marcus' research, Gheorghe Vrănceanu not only signed the memorandum but in fact he was the initiator of it. Confirmation of this hypothesis, in a certain form, can be found in the lines of Sept. 10, 1944.

The last sentence in the Notes refers to the fact that he is preparing himself to go to a meeting where political decisions have to be made.

***It has been almost a year since I interrupted these notes. Much has changed and many of my predictions turned to reality. The coup d'état from 23 Aug. to which I could say I contributed, changed the direction of our politics. Today, the Russians are walking on the streets of Bucharest, bringing with them a certain fear of what might happen. Bucharest is repopulating with those that left because of the bombing. However, the supply of this city is getting harder and harder. The peasants are afraid of losing their horses and wagons and private cars have ceased to circulate in the town. As far as I'm concerned, I'm tired, a situation that has been obsessing me for a long time. Despite all the extern events I try to work. I have finished this summer my course in Geometry first volume and I'm dealing with the issue of the Mathematical Bulletin on Mon. Official, to be printed at Göbl. My situation is unchanged. Thoughts and thoughts torture my peace day and night. Some of my notes have been discovered by Julia and were torn from this notebook. She does not want to adhere to any of those rules that say that a person has the right to have his own thoughts. The boy has his own life. He reads a little and deals with matters other than strictly intellectual. He grew, he is almost like me, but he is weak. He weights only 51 kg at the age of 15 and a half. Now, I'm going to xx where political decisions have to be made.***

**Personal Notes**

**Copies**

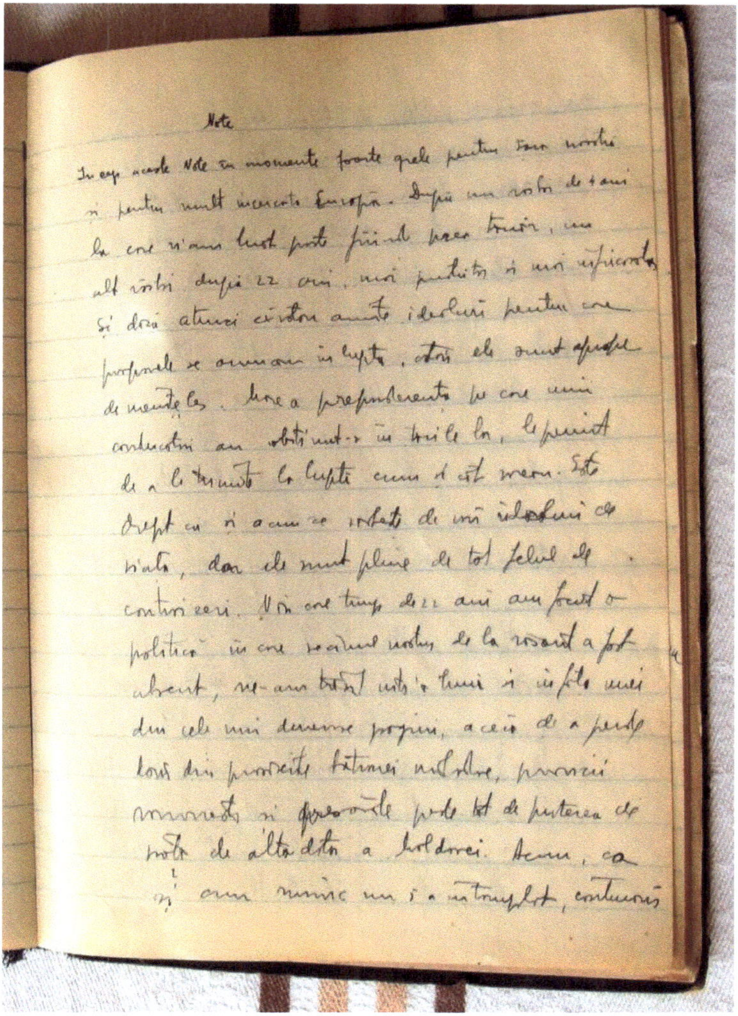
Note

Încep aceste Note în momente foarte grele pentru țara noastră
și pentru mult încercata Europă. După un război de 4 ani
la care n-am luat parte fiind prea tânăr, un
alt război după 22 ani, mai pustiitor și mai sfâșietor.
Și dacă atunci căutam anumite idealuri pentru care
popoarele se aruncau în luptă, astăzi ele sunt aproape
de neînțeles. Puterea preponderentă pe care unii
conducători au obținut-o în țările lor, le permit
de a le trimite la lupte cum d-lor vor. Este
drept că și acum se vorbește de mari idealuri de
viață, dar ele sunt pline de tot felul de
contraziceri. Din care timp de 22 ani am făcut o
politică în care sentimentul nostru de la răsărit a fost
absent, ne-am trezit astăzi luni și în fața unei
din cele mai dureroase pierderi, aceea de a pierde
două din provinciile Patriei noastre, provincii
românești și frumoase pentru tot de puterea de
viață de altădată a Moldovei. Acum, ca
și cum nimic nu s-a întâmplat, continuăm

cu acțiuni politice de tipuri de încercare a
consumatorii unui regim puternic și ne
preocupăm de Europa de mâine clădită pe
fascism și național socialism!. Suntem acum de
încântați de aceste noi forme de viață cu și
cum or fi ale noastre. Întrucât în momentele
grele ce am trecut, am spus multe [illegible]
ai [illegible] și [illegible], ce timpul își
primește în restul țării, și se întâmplă ca
politică și poate cu oarecare speranță în
aceste provincii. Nu există cred o unică
categorică osândire a politicii ce-am fost
până acum, decât acest [illegible]. [illegible]
asta că pentru clasele de jos, țărani, muncitori
viața este foarte grea. O situație care
progresează mereu, din cauza unui
fiscalism prost înțeles, care menține
un birocratism necorect și de cele
mai multe ori inutil. [illegible] [illegible]
[illegible], toate [illegible] [illegible]. Dacă, ar

soarta unui împuntele, cererile de ieșire în partidul național, s-ar vedea câte dificultăți s-ar fi putut deconcerta. Două încercări, s-ar fi făcut pe simple liste. În orice caz nu s-ar vede o istorie a unei vieți sale, alta decât aceea a unui lux său intelectual în toate domeniile de activitate. Acesta îi cuprinde destinele unite. În politica externă nici un semn încurajator. Decât doar, că nu mai împinși își apără dreptul la viață, care drept consideră că și cu dreptul altora. Dar forțele contrarii sunt așa de mari încât o minune numai le-ar putea opri. Un popor este atât preponderent, dreptul altora, care pretinde a reprezenta societatea în complexa lor frământare, decât nu numai de drepturile individului ci și a tuturor și a neamului, în mintea unui tânăr care pe o dispariție a popoarelor în suprimare și izolare.

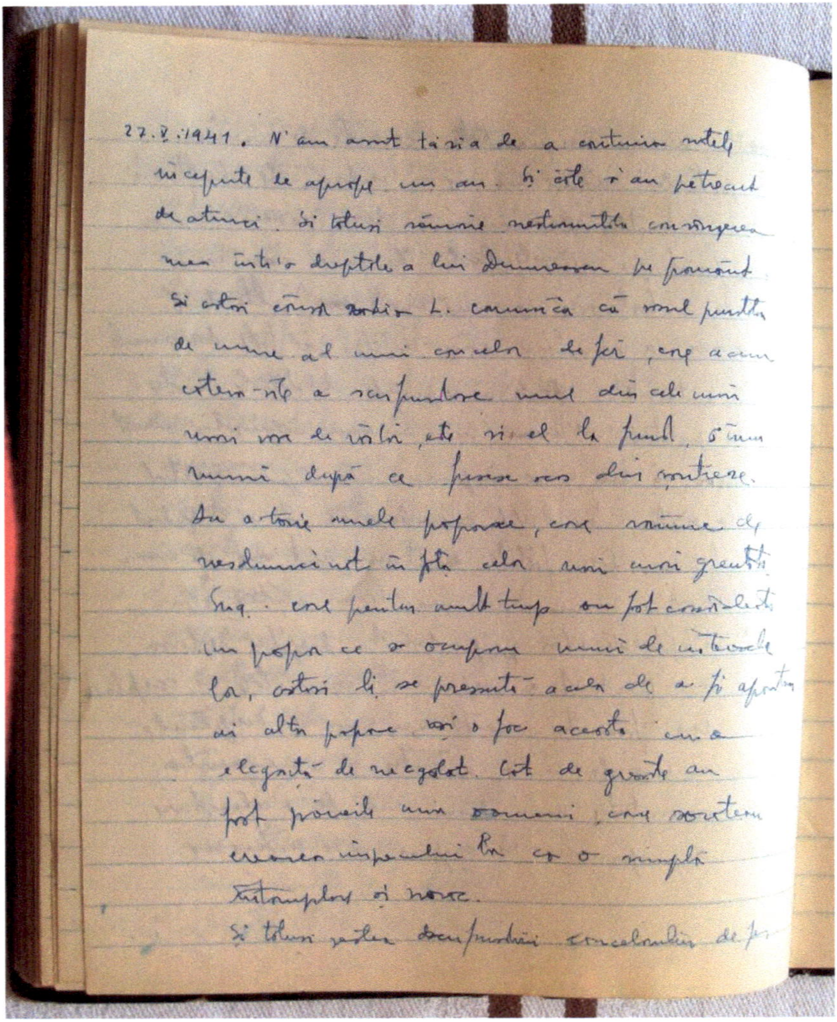

27.V.1941. N'am avut tăria de a continua notele începute de aproape un an. Şi câte s'au petrecut de atunci. Şi totuşi rămâne nestrămutată convingerea mea într'o dreptate a lui Dumnezeu pe pământ. Şi astăzi când radio L. comunică că vasul purtător de numele al unui cancelar de fier, care acum câteva zile a scufundat unul din cele mai mari vase de război, este şi el la fund, o lună numai după ce fusese scos din şantiere.

Au astăzi unele popoare, care rămân de nesdruncinat în faţa celor mai mari greutăţi. Eng. care pentru mult timp au fost considerată un popor ce se ocupau numai de întrecerile la, astăzi li se prezintă acela de a fi apărători ai altor popoare şi o fac aceasta cu o eleganţă de neegalat. Cât de greşite au fost părerile unor oameni, care socoteau creearea imperiului lor ca o simplă întâmplare şi noroc.

Şi totuşi vestea scufundării cancelarului de fi

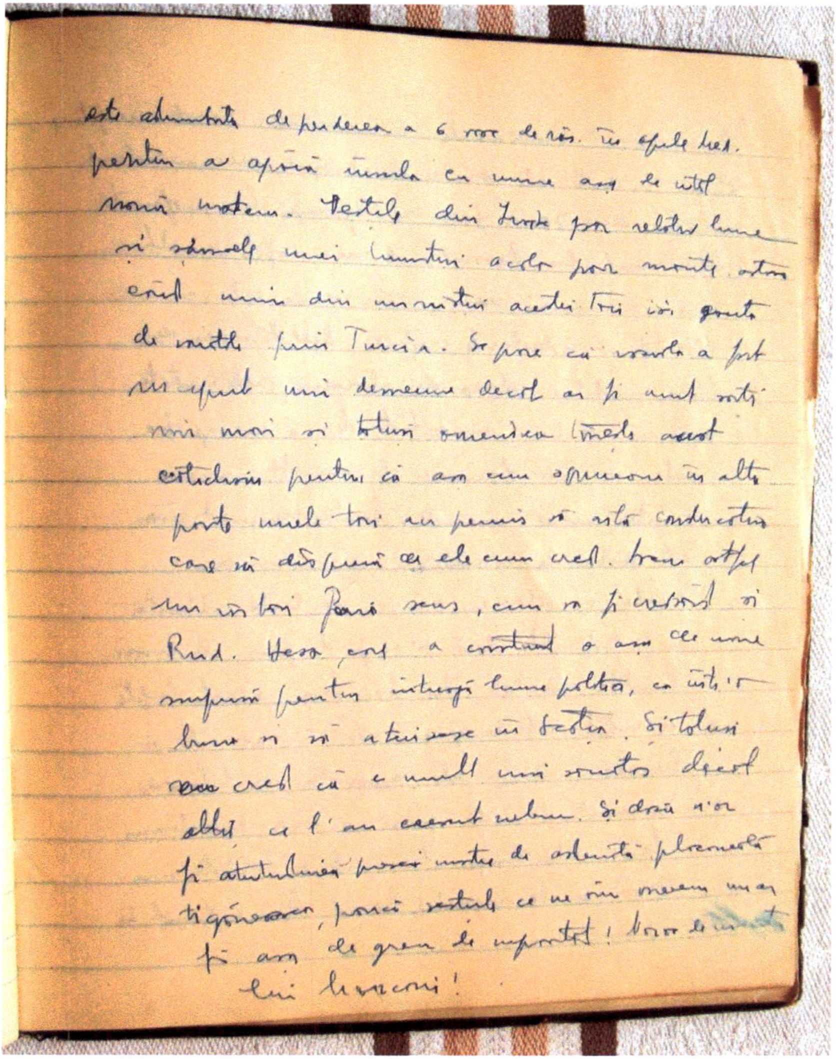

este [illegible] de pierderea a 6 vase de răs. În afară [illegible].
pentru a apăra [illegible] cu mâna așa de [illegible]
nouă [illegible]. Veștile din Turcia par [illegible] lume
și sângele mei [illegible] acolo par [illegible]
când unii din membrii acestei trei ori [illegible]
de [illegible] prin Turcia. Se pare că vestea a fost
[illegible] mai devreme decât ar fi [illegible]
noi mai și totuși omenirea trece acest
[illegible] pentru că are cum [illegible] în alte
părți unele țări au permis să stea conducătorii
care să dispună cu ele cum cred. Iar astfel
un [illegible] [illegible] [illegible], cum va fi crezând și
Rud. Hess, care a cântărit o așa cea mare
[illegible] pentru întreaga lume politică, cu [illegible]
[illegible] și să [illegible] în Scoția. Și totuși
eu cred că e mult mai [illegible] decât
altul ce l-am cunoscut [illegible]. Și doar n-or
fi atât de [illegible] de [illegible] [illegible]
țigănească, [illegible] ce ne [illegible]
fi așa de greu de suportat! [illegible]
lui [illegible]!

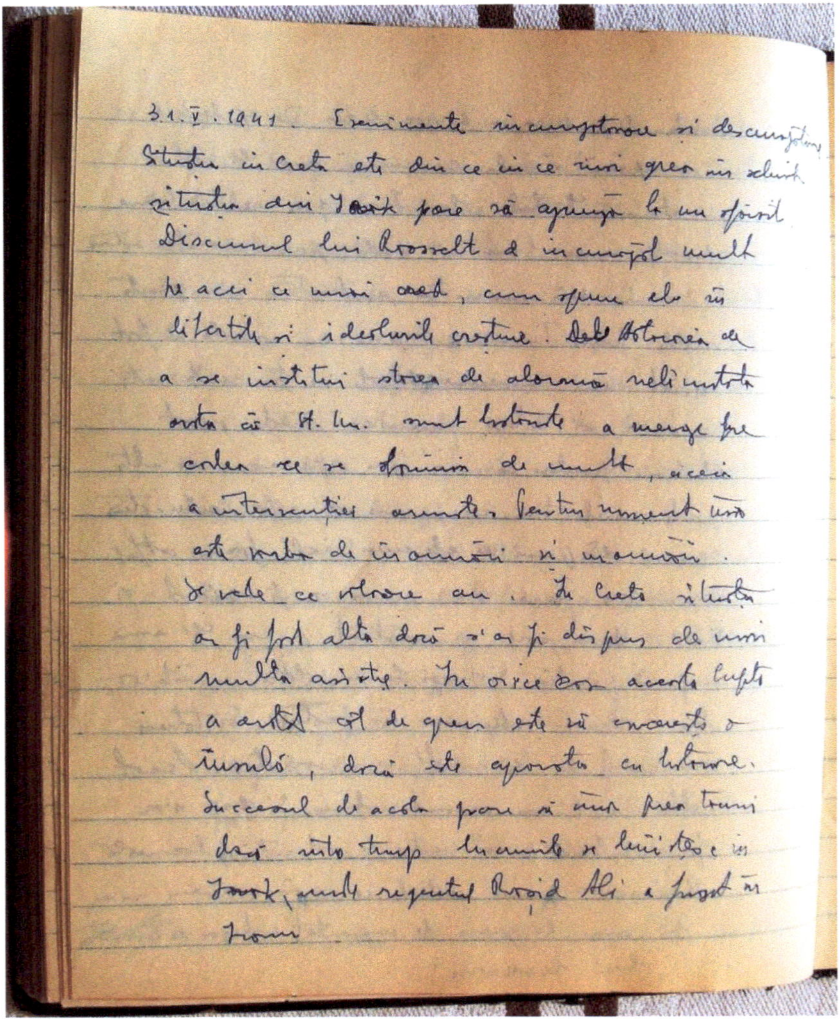

31.V.1941. Evenimente încurajatoare și descurajatoare.
Situația în Creta este din ce în ce mai grea în schimb
situația din Irak pare să ajungă la un sfârșit.
Discursul lui Roosevelt a încurajat mult
pe acei ce mai cred, cum spune el, în
libertate și idealurile creștine. Dacă hotărârea sa
a se institui starea de alarmă nelimitată
arată că St. Un. sunt hotărâte a merge pe
calea ce se frământă de mult, aceia
a intervenției armate. Pentru moment însă
este vorba de încurajări și promisiuni.
Se vede ce valoare au. În Creta situația
ar fi fost alta dacă s-ar fi dispus de mai
multă asistență. În orice caz această luptă
a arătat cât de greu este să cucerești o
insulă, dacă este apărată cu hotărâre.
Succesul de acolo pare să nu fie trainic
dacă între timp lucrurile se liniștesc în
Irak, unde regentul Rașid Ali a fugit în
Iran.

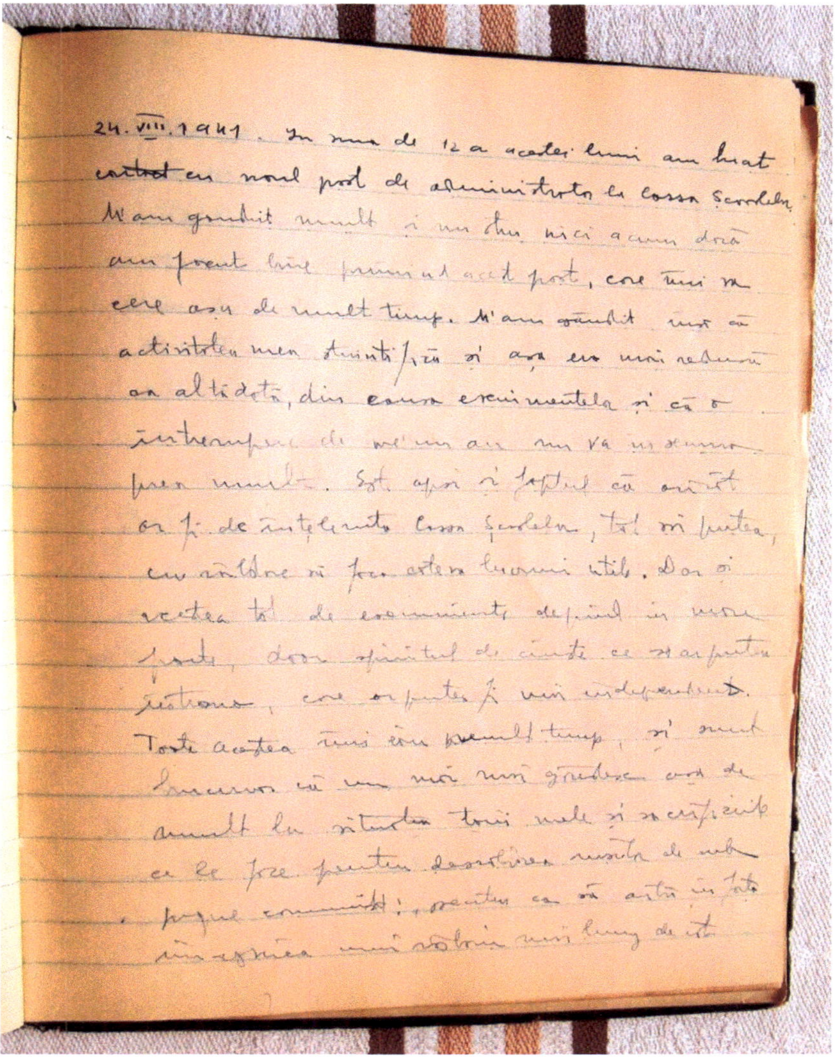

24.VIII.1941. In ziua de 12 a acestei luni am luat ~~contact~~ cu noul post de administrator la Casa Școalelor. M'am gândit mult și nu știu nici acum dacă am făcut bine primind acest post, care îmi va cere așa de mult timp. M'am gândit mai ales că activitatea mea științifică și așa era mai redusă ca altădată, din cauza evenimentelor și că o întrerupere de vre'un an nu va mai dăuna prea mult. Este apoi și faptul că ori cât ar fi de înțelenită Casa Școalelor, tot aș putea, cu răbdare să fac acolo lucruri utile. Dar și aceasta tot de evenimente depind în mare parte, doar spiritul de cinste ce s'ar putea introduce, care ar putea fi mai independent. Toate acestea îmi iau prea mult timp, și sunt bucuros că nu mai mă gândesc așa de mult la situația țării mele și la sacrificiile ce le face pentru desrobirea noastră de sub jugul comunist; pentru ca să avem în față în Europa unei [illegible] mai lung de [illegible]

nervii noştri şi posibilităţile noastre au
permis. Cum apa acum nu se dă în
unele fântâni din sate. Cum după
sforţări prea mari, trupele slăbesc cu
toate presupunerea contrarie. Pierderile noastre
sunt cam de mari şi acum când suntem la
15 km. de Odessa. Ce minunat port şi
ce apă sărată are. Dar să mă întorc la
funcţia mea. Am văzut azi unele din
produsele Crucei R.. din Bucureşti. Toate
sunt în stare rea, afară de acelea
care trimit astăzi farmaciştii ai Crucei
şi societăţii a Dna. Elena Doamnă. Dar
voi continua cu cercetarea acestor
produse, iată că să găsi altele
mai în [illegible]. Îmi pare rău
că mereu sunt atacat de guturai şi
alte manifestări de răceală încât nu
pot face altă ceva azi deci —

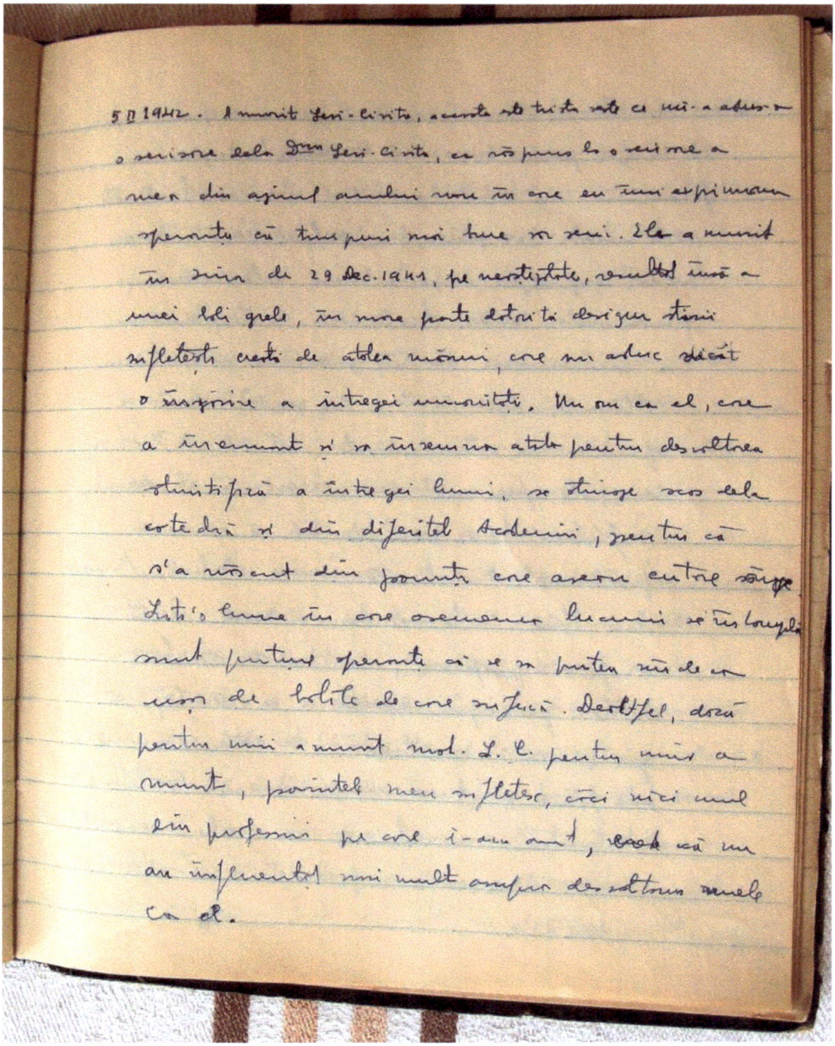
5 II 1942. A murit Levi-Civita, aceasta este trista veste ce mi-a adus-o o scrisoare dela Dna Levi-Civita, ca răspuns la o scrisoare a mea din ajunul anului nou în care eu îmi exprimam speranța că timpuri mai bune vor veni. El a murit în ziua de 29 Dec. 1941, pe neașteptate, rezultat însă a unei boli grele, în mare parte datorită desigur stării sufletești create de atâtea mâhniri, care nu aduc decât o răsplătire a întregii umanități. Un om ca el, care a însemnat și va însemna atâta pentru desvoltarea științifică a întregii lumi, se știe scos dela catedră și din diferitele Academii, pentru că s'a născut din părinți care aveau altfel sânge. Iată'o lume în care oamenii ... se înlocuiesc, mult puține speranțe că se va putea vindeca ușor de bolile de care suferă. Deaitfel, dacă pentru mulți a murit prof. L. C. pentru mine a murit, părintele meu sufletesc, căci nici unul din profesorii pe care i-am avut, nu cred că au influențat mai mult asupra desvoltării mele ca el.

7.V.1942. După câteva zile de lupte destul de grele, englezii au ocupat portul Suarez din ~~[illegible]~~ Madagascar și francezii mai există în sudul insulei. Pe de altă parte insula Corregidor, din golful Manilei s'a predat japonezilor, după o lună dela căderea peninsulei Bataan. Academia de Științe vrea să comemoreze deodată și ei pe matematicienii Voltera și Levi-Civita. Mă gândesc dacă să spun și eu câteva cuvinte. Cât este de trist să nu poți face așa cum crezi că îți dictează sufletul. Nici se pune problema că cineva ar putea să discute asemenea chestiuni. Numele lui Levi-Civita este așa de mare încât ar fi o prostie, ca cineva în baza unor principii rasiste, să încerce să facă să se [illegible]. In orice caz mi-a ~~este~~ făcut o bună impresie că Politica fascistă a crezut că nu poate trece sub tăcere asemenea pierdere a științei italiene.

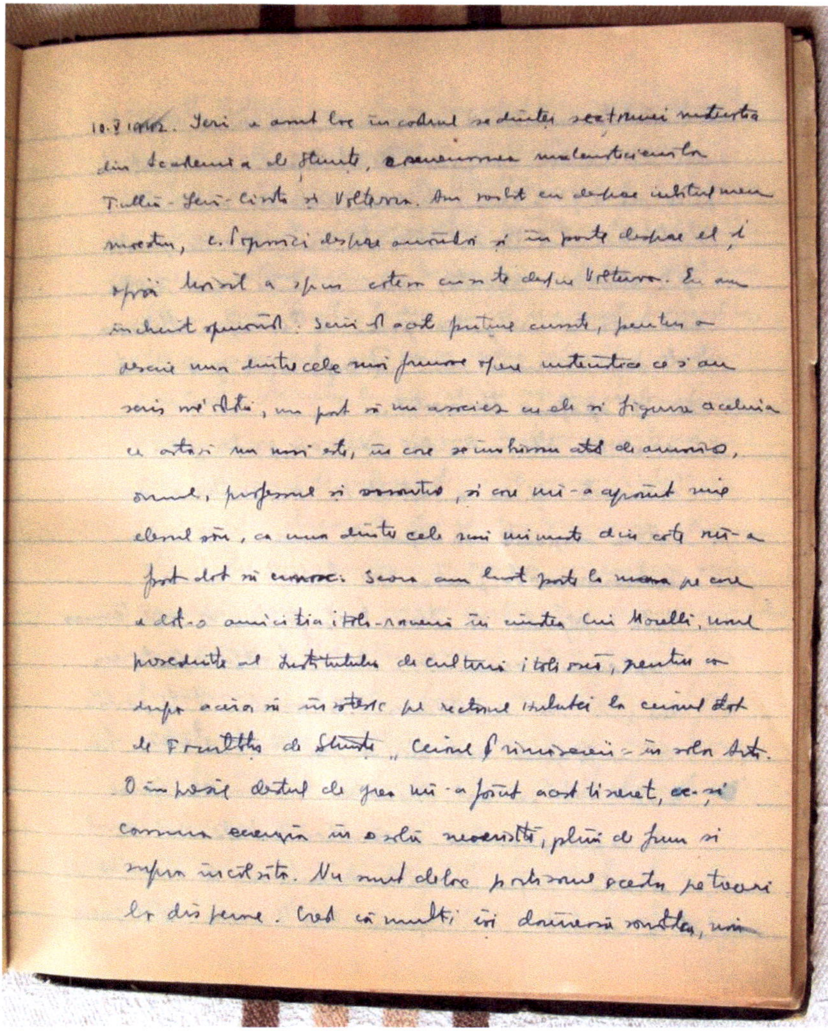

10.V.1962. Ieri a avut loc în cadrul ședinței secțiunii [illegible]
din Academia de Științe, aniversarea [illegible]
Tullio-Levi-Civita și Volterra. Am vorbit eu despre [illegible] meu
maestru, C. Popovici despre amândoi și în parte despre el, și
apoi [illegible] a spus câteva cuvinte despre Volterra. Eu am
încheiat ședința. Seara [illegible] cuvinte, pentru a
descrie una dintre cele mai frumoase opere matematice ce s-au
scris vreodată, nu pot să nu asociez cu ele și figura acelui
[illegible] om [illegible], în care se îmbinau atât de armonios,
omul, profesorul și savantul, și care mi-a apărut mie
elevul său, ca una dintre cele mai minunate din câte mi-a
fost dat să cunosc. Seara am luat parte la masa pe care
a dat-o amicitia italo-romena în cinstea lui Morelli, unul
președinte al Institutului de cultură italiană, pentru ca
după aceea să mă [illegible] la ceaiul dat
de Facultatea de Științe „Ceaiul [illegible]" – în sala Arta.
O impresie destul de grea mi-a făcut acest tineret, ce-și
consuma energia în o sală neaerisită, plină de fum și
supra încălzită. Nu sunt deloc partizanul acestor petreceri
la dispense. Cred că mulți își dăunează sănătatea, unii

des sărbători cum sunt în general, din cauza lipsei
unei alimentații complete. Plecând de acolo am trecut
pe la ora 1 ½ la cercul biblic, unde un alt ceai
studenților și tot a ultimele ore. Și acolo fum,
fete străine, obosite, doamne între tinerii aceștia,
care oricum ar putea pozna să li se ofere altceva.
Este așa de curios cum înțeleg unii guvernanți
să-și apropie tineretul..

10.V.1942. Astăzi [illegible] meu are pentru Selim
dimineața și eu a trebuit să ies pentru a da
celorlalți dispoziții în ce privește masa ce se oferea
loc în seara asta pentru 300 studenți în sala
Arta, oferită de Min. Propagandei și care termină
săptămâna universitară: În acest fel o parte din
trupele ce se întorceau de la poarta. Toate porțile,
și cu figuri care par că nu sunt străine. Mi
mult dor, și mă gândeam la cuvintele spuse
de șeful provinciei de [illegible] din anul
acesta: Șeful provinciei Dumitrescu de anul trecut
a murit în campania din Rusia, [illegible]

deci la lupte, cu cineva un efect din conversii lui.
Cum se poate avea astfel o indicație asupra
marilor noastre pierderi. Ce situație grea și o războire
ce nu se mai termină, și atunci gândesc la ceia ce
spunea intenționat raportul ce a fost a săptămâni
ultima din Aprilie la Buc., că el are aceasta povestire,
eliminat siguranța că nu se vedea sfârșitul acestui
războiu... Discuțiile cu el în excursia făcută cu
Onicescu în ziua de 2 Mai la Vraci și Sinaia
au fost așa de interesante și de manifestare în
ce privește starea de spirit din Germania precum
și situația alimentară. Să adaugă un profesor tânăr.
să aibă teama de a nu-și putea oferi hrana necesară
său copil. Prietenul meu a trimis o cutie cu
bomboane de fructe, fiului său Robert. Poate
odată se vor întâlni în timpuri mai bune,
când temele sportive la nivele vor fi stăpânite
cu pasiune.

Am luat parte azi după masă la spectacolul de la
A.N.E.F. de atletism și football între academia

Comercială și Facultatea de Drept. Era
înaintea [illegible] și statuia [illegible] și prof.
când porniam cu trenul a venit dna Maria
Antonescu în o toaletă albă de parcă al
păcii, într-un timp când pacea este așa de
îndepărtată.

25 Iunie 1942. Este așa de mult timp de când
nu am mai scris nimic aci și totuși atât
de multe lucruri ar fi putut fi notate aci.
Sunt sub impresia căderii Tobrukului și a
retragerii spre centrul Egiptului a forțelor engleze
din Libia. La bombardament la Buzău unde am
fost cu președinte între 4–12 Iunie, nu am mai
citit ziare și nici ascultat radio, încât pacea
mă îndepărtasem [illegible] de această atmosferă
de război. Și totuși sunt atâtea lucruri care
amintesc, dacă n-ar fi decât așa de multe
explicațiuni și apoi bombardamentul din ziua
de 12 Iunie a cării parte la rampa gării Buzău
spre Buc. Era dimineața pe la $5^{15}$ când

în drum spre gară am văzut un avion la
mare înălțime, care după părerea cunoscătorilor de seminar
dela Liceul Hajdeu ce-mi duceau geamantanul,
era unul de ale noastre. După câteva minute a sunat
alarma. Din această cauză am sosit și eu
odată cu asistentul meu Petrescu la liceu, până
va trece alarma. ~~Și acum~~ După câteva minute de
așteptare, în care am văzut cum trandafirii speriați
în ajun de conducători trecuți la bombardament,
începeau să se ofilească, așa cum se ofilesc
florile și împrejurimile noastre despre soartă,
am plecat spre gară. La vreo două sute de
metri de gară, un avion care zbura la
înălțimea de circa 800 m, a trecut prin
fața gării dela Nord la Sud pentru ca apoi
să apuce spre vest și apoi spre Nord, tot așa
cu direcția spre mare. În timp ce urmăream
zborul său, în care lăsa în urmă o dungă
de fum albă, cineva a spus pe peron în
șoaptă că este străin și că se va bombarda.

un sunet înăbușit și apoi un
răspuns de mitralieră ne-a scos din nesiguranță,
că este ~~dar~~ sau un al nostru. Deodată după
ce a trecut deasupra noastră în drum spre Nord
a fost lovit în plin de tunurile antiaeriene
și se vedea cum se sparge [illegible] în văzduh
[illegible]. Se gândi înainte cum s-a ridicat
din ce în ce mai sus și a dispărut.
Reîntors la locul de comandă am văzut
pătrunderile a 2 bombe, din care prima
pe linii, întrerupând circulația pentru
vreo câteva ore. Am mers și eu să le
privesc după [illegible], căci mai mult
de la niște bătăi pe care [illegible]
din bombe. M-am întors la liceul
de fete unde fusesem cazat și am
așteptat până după amiază trenul auto-
motor spre a ~~[illegible]~~ veni la Buc.
M-am gândit astfel la toate aceste
întâmplări și la toată viața noastră

2 VIII. 1942. Ultimele două săptămâni au fost pline de evenimente pentru mine, cel mai important fiind pierderea tatălui meu în dimineața zilei de 24 Iulie 1942. Primisem înainte o telegramă că este bolnav și dorește să mă vadă. N'am crezut însă că trebue să merg așa de repede și am crezut că pot merge odată cu băiatul și Jetka la toți. Plecasem Vineri seara spre Sinaia, pentru a pleca Sâmbătă după amiază de acolo cu Esherghe, dar Sâmbătă dimineața primesc o comunicare telefonică dela Bucur, cum că tata a încetat din viață. Am plecat imediat cu trenul de 8.14 minute, am schimbat la Ploești vest și apoi la Ploești Sud cu trenul de Buzău la 11 și apoi cu trenul de Cernăuți la 6 ajungând la Roman la ora 12 noaptea, legătura imediată n'o am cu Bacău la orele 4. În acest timp am încercat să găsesc o cameră la un hotel, dar un hotel era închis și altul ocupat, încât n'am avut unde să dorm cu capul pe mână în restaurantul gării. La ora 5.15 am sosit la Bacău, unde am găsit în gară o mașină ce m'a dus până la Racova și de aici

am mers pe jos până acasă. Trecând pe zarea Tohanului pe la moara lui Lăzărescu şi pe la via din zare, am retrăit amintirile pe care eu le păstrez despre tata. Mi-aduc aminte să fi avut 7 ani, eram cu Gheorghe Cercel, ţiganul, om de încredere a tatei, pierdut şi el astăzi şi acum într-o vreme de toamnă. Tata a venit să ne aducă de mâncare, călare pe un cal sur şi păstrez vie silueta lui tânără urcând dealul în trap grăbit. Era preocupat, un anumit proces îi dădea mult de gândit. Îi sta bine călare, el care făcuse armata ca artilerist la Reg. 24.2 Roman şi ieşise cu gradul de sergent. Altă amintire tot în legătură cu via din zare, pe care tata apoi a vândut-o cu loc cu tot, după distrugerea ei de către filoxeră. Era toamnă târzie, norii deşi şi grei treceau mânaţi de vânt, atât de jos încât atingeau parcă culmile dealului.

Se terminase culesul viei și transportam acum
la vale toate cele ce posesem necesare culesului
precum și altceva sus de vie. Din cauza
noroiului am ales calea dealului până
aproape de sat. Am trecut astfel acum pe
locuri de atâtea ori pustiite, pe care nu le
mai văzusem de mult, prin salcâmii de
la gârla Sufaricii(?) și mi-am amintit și acum
în fântâna pe care mă întorc atunci când
copil, păsceam oile pe aceste locuri. În dreptul
ce era atunci dealungul gârlei, acum a
dispărut și deslușit numai poarta unei
grădini, unei viișoare. O fetiță păștea oile, o
întreb a cui este, îmi spune că este a lui
Gheorghe a lui Vasile Ciocan(?), de la vale,
fost coleg cu mine de școală, care acum
are 9 copii, sau cum spune fata un cârd,
din care [illegible] 6 fete. La sat ce s-a
mai întins puțin spre nord, a înființat(?)
de tractoare [illegible]. Cooperativa [illegible]

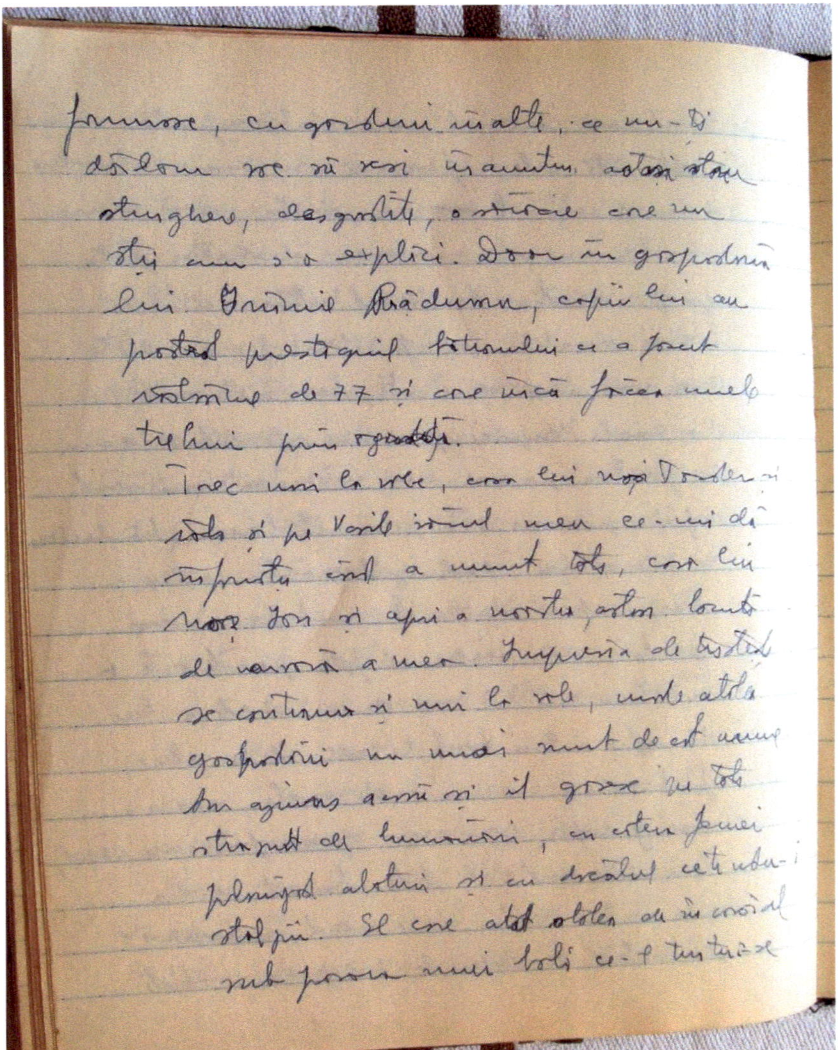

frumoase, cu garduri înalte, ce nu-ți
dădeau voie să vezi înăuntru. Acum stau
stinghere, desgolite, o stare care nu
știi cum s-o explici. Doar în gospodăria
lui Grigore Rădună, copiii lui au
păstrat prestigiul bătrânului ce a făcut
războiul de 77 și care încă făcea unele
treburi prin ogradă.
Trec apoi la vale, casa lui moș [illegible] și
văd și pe Vasile vărul meu ce-mi dă
impresia când a murit tata, casa lui
moș Ion și apoi a murit, acum locuită
de verișoara a mea. Impresia de tristețe
se continuă și mai la vale, unde atâtea
gospodării nu mai sunt decât urme.
Am ajuns acasă și îl găsesc pe tata
strâns de lumânări, cu ochii [illegible]
plângând alături și cu [illegible] către stâl-
pii. El care atât a [illegible] în [illegible]
stâlpii. El care atât a [illegible]
sub povara unei boli ce-l tortura

în loc de ani de zile, boala lui Parkinson,
acum era întreg, drept și poate mai lung
decât eram eu obișnuit să-l consider.
L-am sărutat iarna după obiceiul și lacrimile au început
să exprime durerea unui fiu, care a trăit
să-și privească tatăl ani de zile chinuit de
boală, fără ca să-i poată veni în ajutor. L-am
iubit mult pe tata, pentru firea lui dreaptă,
pentru marea lui energie, pentru grija pe
care mi-a purtat. Nu am fost copilul care a
corespuns ambițiilor lui despre viață. Deși nu
a făcut ce i-a stat prin putință să mă ajute
să merg cât de departe. Primii ani când am
fost în liceu gimnaziu au fost grei pentru
el. Era atât de sărac, cum spunea el câte
odată, încât îi lipsea câțiva bani pentru o
cutie de chibrituri. Trecea câte o duminică la
Bacău, pentru a veni apoi la Vaslui și
a-mi plăti gazda. Mă gândeam la toate
acestea și la ceea ce este viața omului

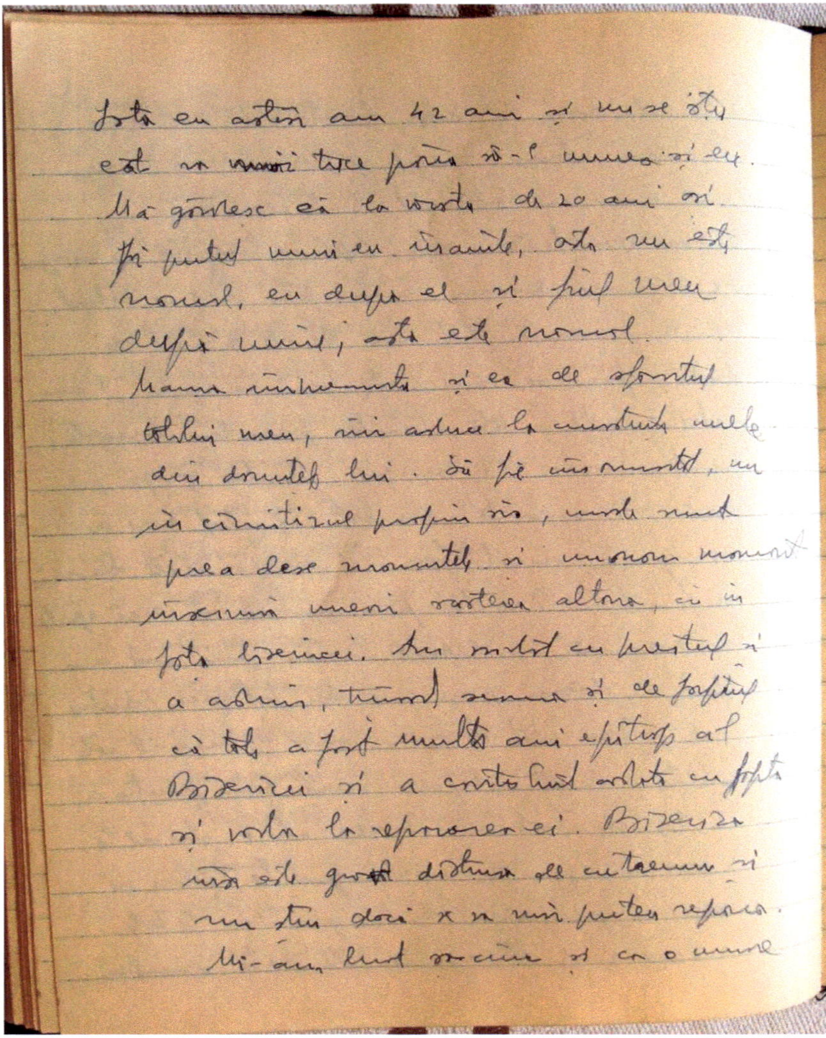

Iată eu astăzi am 42 ani și nu se știe
cât va mai trece până să-l urmez și eu.
Mă gândesc că la vârsta de 20 ani aș
fi putut muri eu înainte, asta nu este
normal, eu după el și fiul meu
după mine, asta este normal.
Mama înmormântată și ea de sfântul
tatălui meu, îmi aduce la mormântul unde
din dorințele lui. Să fie înmormântat, nu
în cimitirul propriu zis, unde sunt
prea dese mormintele și [illegible] mormânt
[illegible] [illegible] [illegible] altora, ci în
fața bisericii. Am vorbit cu preotul și
a admis, ținând seama și de faptul
că tata a fost mulți ani epitrop al
Bisericii și a contribuit activ cu fapta
și vorba la repararea ei. Biserica
însă este grav distrusă de cutremur și
nu știu dacă se va mai putea repara.
Mi-am luat sarcina să ca o [illegible]

a dorinței tatei să mă rup de această problemă și
sper că cu ajutorul lui Dumnezeu voi reuși.
Înmormântarea a avut loc la [illegible] dimineața, deoarece [illegible]
nu se îngroapă noaptea, ca oamenii, deoarece noi
și călătoriți din frontul în scurt timp. Ion,
concentrat și a venit la înmormântare. La groapă
după dorința lui Tata a fost dus cu carul cu
boii lui. Cei boii frumoși și cuminți. Nu știau
că-și duce stăpânul la groapă. Desigur le-a
fi fost și greu. Tata demult nu mai era
decât un stăpân teoretic, deoarece nu putea
să iasă să îi îngrijească decât ajutat de alții.
Cât au necesitat forța mea cu el, Ion și Costică
nepotu și alții. De acum nu se va mai
cere nimic. S-a dus acolo unde nu
este durere. Din pământ ai ieșit în pământ
intra a spus preotul la mormântul său.
A fost urmat la groapă de mulți oameni
din sat, de prietenii cu bordeie cercon și
de neamuri, de fetele noastre, pentru care

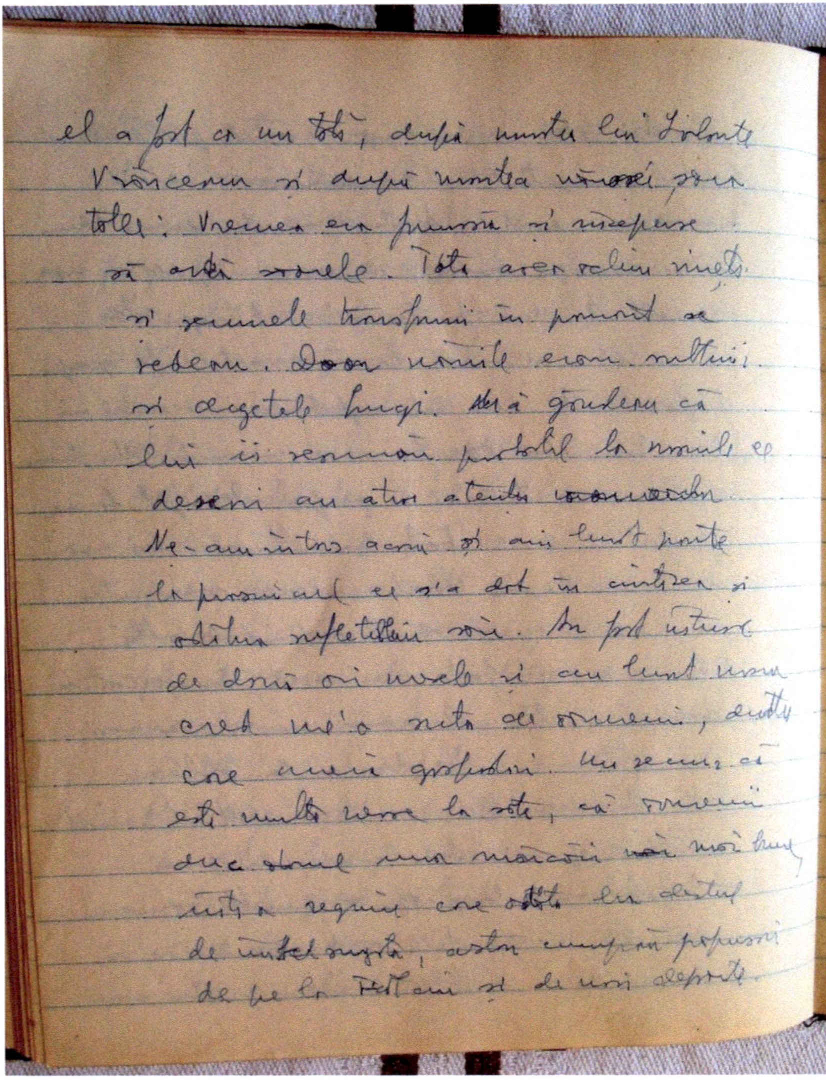
el a fost ca un tată, după moartea lui Iolanta
Vrânceanu și după moartea mamei, pentru
toți. Vremea era frumoasă și începuse
să ardă soarele. Toate aveau culori vinete
și semnele transformării în pământ se
vedeau. Doar mâinile erau neatinse
și degetele lungi. Mi-a părut că
lui îi semănau perfect la mâinile ei.
desenele au atras atenția [illegible].
Ne-am întors acasă și am luat poate
la pensiunea ei s-a dat în căutarea și
odihna sufletului său. Am fost ieri
de două ori acolo și am luat una
cred că mi-o [illegible] de [illegible], după
care urmează grădina. Mi se pare că
este multă [illegible] la sate, că oamenii
duc dorul unui [illegible] mai bun
între regimul care odată la distrus
de neînțelegerea, astea cumpărate [illegible]
de pe la [illegible] și de mai departe.

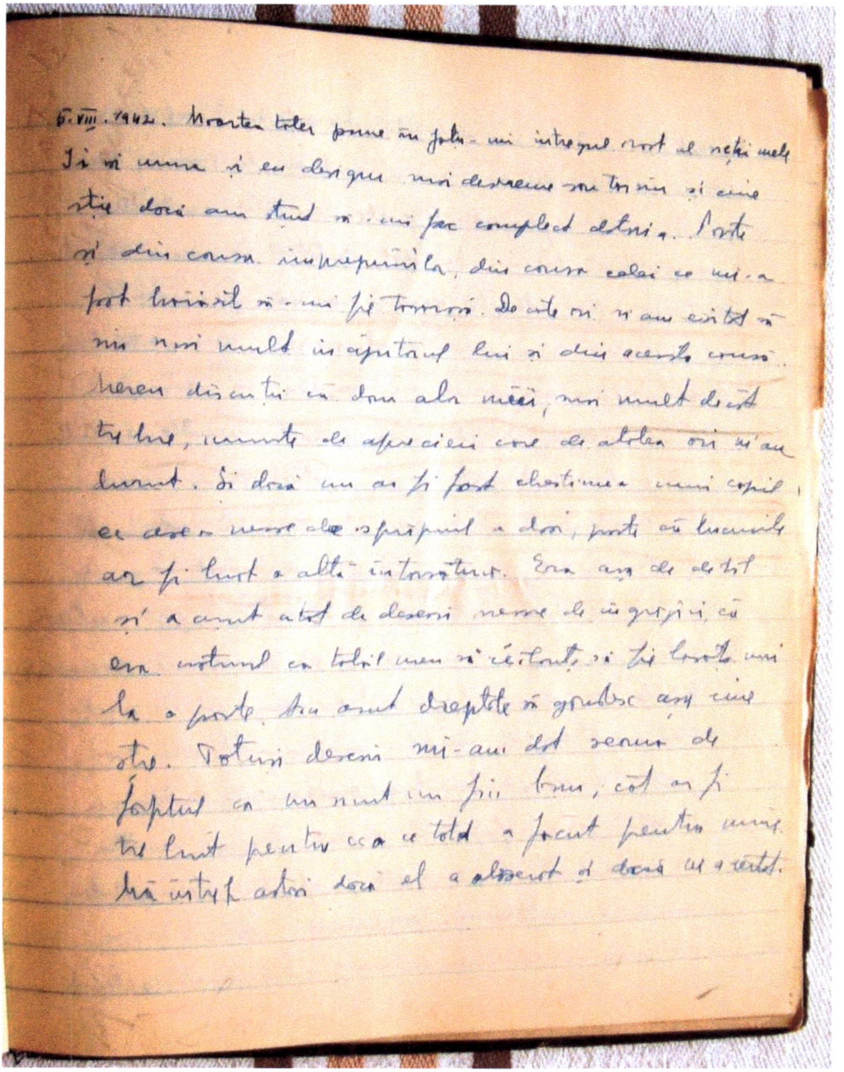

5.VIII.1942. Moartea tatei pune în fața-mi întregul rost al vieții mele
Și mi-e mare și eu deoarece mi [illegible] și cine
știe dacă am știut să-mi fac complect datoria. Poate
și din cauza impresionabila, din cauza celei ce mi-a
fost hărăzit să-mi fie tovarăș. De câte ori n-am evitat să
mă mai mult în ajutorul lui și din această cauză.
Marea discuții cu doi ale mei, mai mult decât
trei luni, urmate de aprecieri care de atâtea ori m-au
durut. Și dacă nu ar fi fost chestiunea unui copil,
ce avea nevoie de sprijinul a doi, poate că lucrurile
ar fi luat o altă întorsătură. Era așa de delicat
și a avut atât de deseori nevoie de îngrijiri, că
era omul cu totul meu și căutam să fie lăsată mai
la o parte. Au avut dreptate să gândesc așa cine
știe. Totuși deseori mi-au dat seama de
faptul că nu am fost un fiu bun, cât ar fi
trebuit pentru ceea ce tata a făcut pentru mine.
Mă întreb atunci dacă el a observat și dacă m-a iertat.

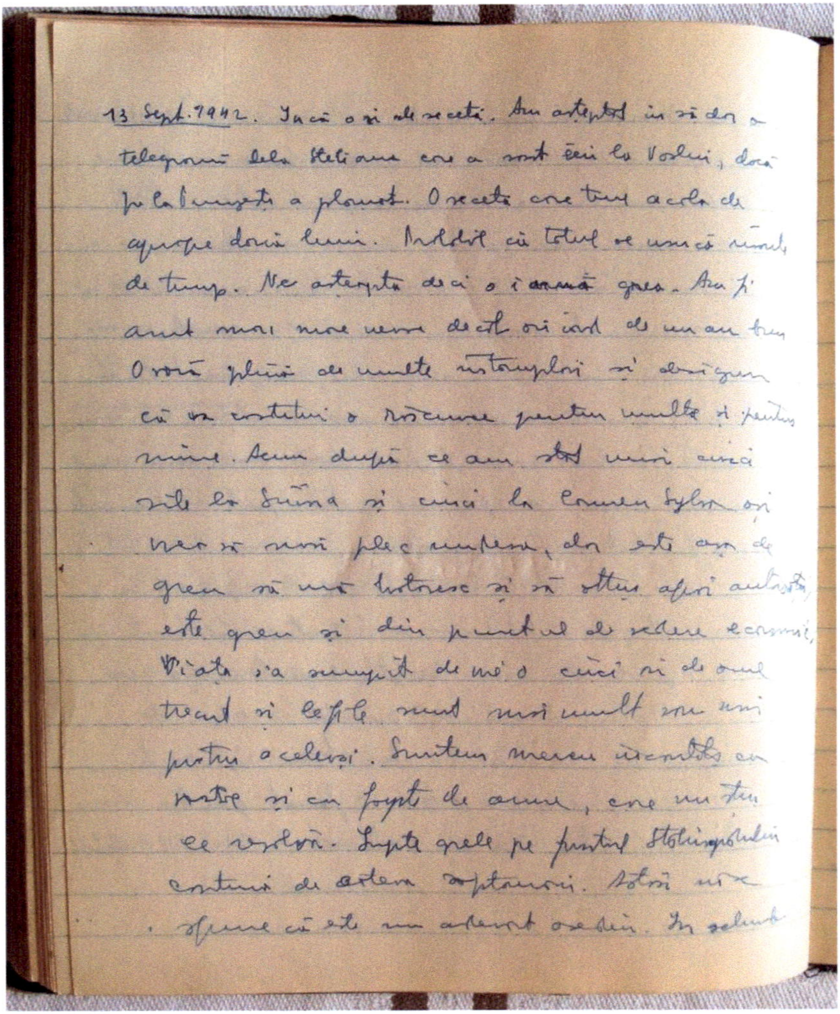
13 Sept. 1942. Încă o zi de secetă. Am așteptat în zadar o telegramă dela Steliana care a venit ieri la Vaslui, dacă pe la Bârzești a plouat. O secetă care ține acolo de aproape două luni. Altădată cu totul se usucă semănăturile de timp. Ne așteaptă deci o iarnă grea. Am și avut mai mare nevoie decât oricând de un an bun. O vară plină de multe întâmplări și doresc ca va constitui o răscruce pentru multe și pentru mine. Acum după ce am stat unsprezece zile la Sinaia și cinci la Carmen Sylva aș vrea să mai plec undeva, dar este așa de greu să mă hotăresc și să obțin afară autorizație, este greu și din punctul de vedere economic. Viața s'a scumpit de vreo cinci ori de anul trecut și lefile sunt mai mult sau mai puțin aceleași. Suntem mereu încântați cu vestile și cu faptele de arme, care nu știu ce valoare. Luptele grele pe frontul Stalingradului continuă de câteva săptămâni. Sovieții ne spune că este un adevărat asediu. În schimb

mai multe succese în Caucaz. Dar între timp din cealaltă parte se simte că potențialul era de război crește mereu. Atacurile neîntrerupte asupra Germaniei de Vest, ținerea în loc a japonezilor în Guineea, ocuparea a câtorva insule din arhipelagul Solomon, ocuparea Madagascarului, sunt asemenea semne. Continuăm încă să ne închipuim să credem, în lucruri care nu sunt așa, ci așa trebuie să fie discutate. Sunt obosit și schimbat mult. Visurile mele nu mai au nici frumusețea de altădată, îmbătrânesc și moartea tatei mă face să mă gândesc că nu va trece mult până ce voi urma pe calea care ne-a fost arătată chiar dela naștere. Ce e mai rău e că alții și alergăm după noi și pe alții ne vom pe care poate nu le-ar fi urmat dacă eram mișei. Îmi lipsește voința de face gesturi, care să însemne o rupere cu trecutul, să continuăm să ducem aceași viață, așteptând mereu timpuri mai bune, pentru noi și pentru alții.

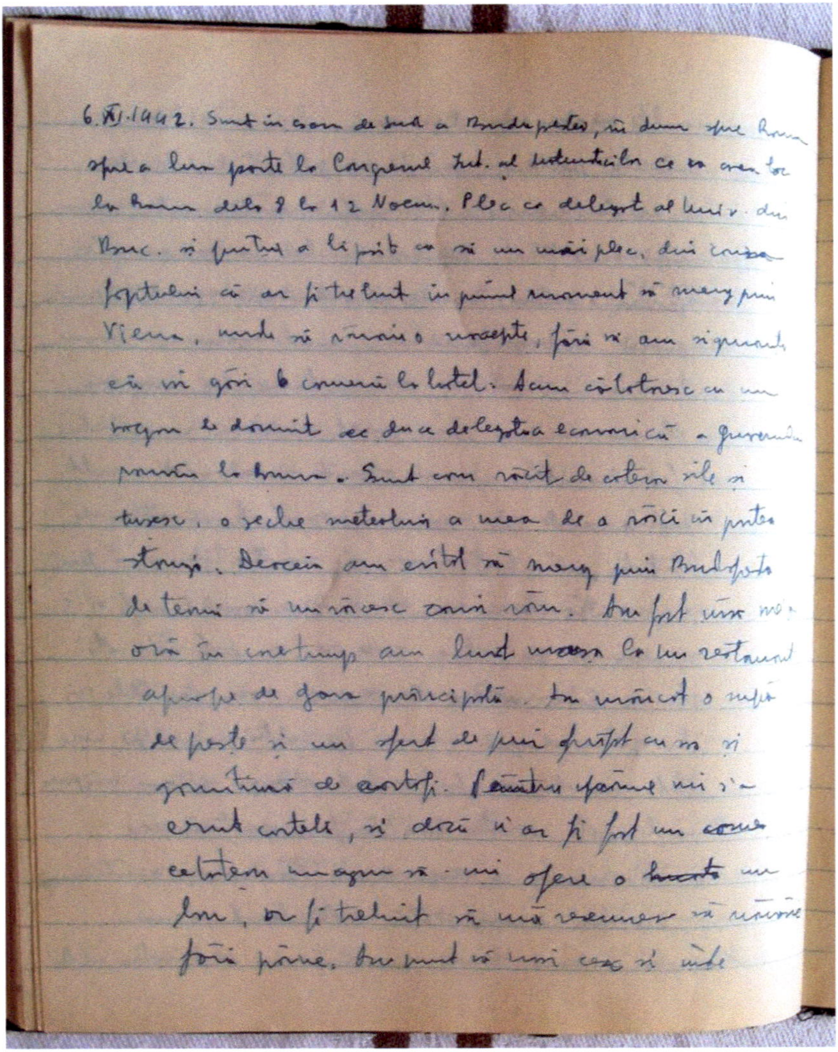

6.XI.1942. Sunt în gara de sud a Budapestei, în drum spre Roma spre a lua parte la Congresul Int. al Studenţilor ce va avea loc la Roma dela 8 la 12 Noem. Plec ca delegat al Univ. din Buc. şi puţin a lipsit ca să nu mai plec, din cauza faptului că ar fi trebuit în primul moment să merg prin Viena, unde să rămân o noapte, fără să am siguranţa că voi găsi o cameră la hotel. Acum călătoresc cu un vagon de dormit ce duce delegaţia economică a guvernului român la Roma. Sunt cam răcit de câteva zile şi tusesc, o veche meteahnă a mea de a răci în partea stângă. Deoarece am evitat să merg prin Budapesta de teamă să nu răcesc mai rău. Am fost însă vreo oră în care timp am luat masa la un restaurant aproape de gara principală. Am mâncat o supă de peşte şi un sfert de pui fript cu orez şi garnitură de cartofi. Pentru pâine mi s-a cerut cartela, şi dacă n-ar fi fost un ~~[illegible]~~ cetăţean maghiar să-mi ofere o ~~bucată~~ un bon, ar fi trebuit să mă resemnez să mănânc fără pâine. Am vrut să iau ceas şi inele persoane cu hârtii și mi-i-a cerut și a cărui bani de cutia decât ce-i am căutat să le obțin. Viața pare în general mai ieftină decât în țara noastră și mai alfa am văzut în vitrine pantofi de diferite categorii la prețuri convenabile.

24.II.1943. Am făcut o mare întrerupere în aceste note. Am avut așa de multe ocupații, încât simt că nu pot să-mi continui acea admirabilă dedicație la care constatare nimeni rațiunea de a fi a mea. Evenimentele politice din urmă și războiul sunt acelea ce preocupă așa de mult pe oameni. Este așa de adevărat ce-a spus Clemenceau, că războiul este un lucru prea serios pentru a fi lăsat pe seama militarilor. În același timp s-a învederat să arate că oamenii politici au avut dreptate când au cerut ca țara noastră trebuie să nu se avânteze în conflict până la capăt, cu riscul unor pierderi teritoriale așa de grave. Cât de ușor lucrurile s-ar fi încheiat altfel pentru ca astăzi să avem lucruri ce ne înspăimântă, de atâtea note de ani de morți pe câmpurile

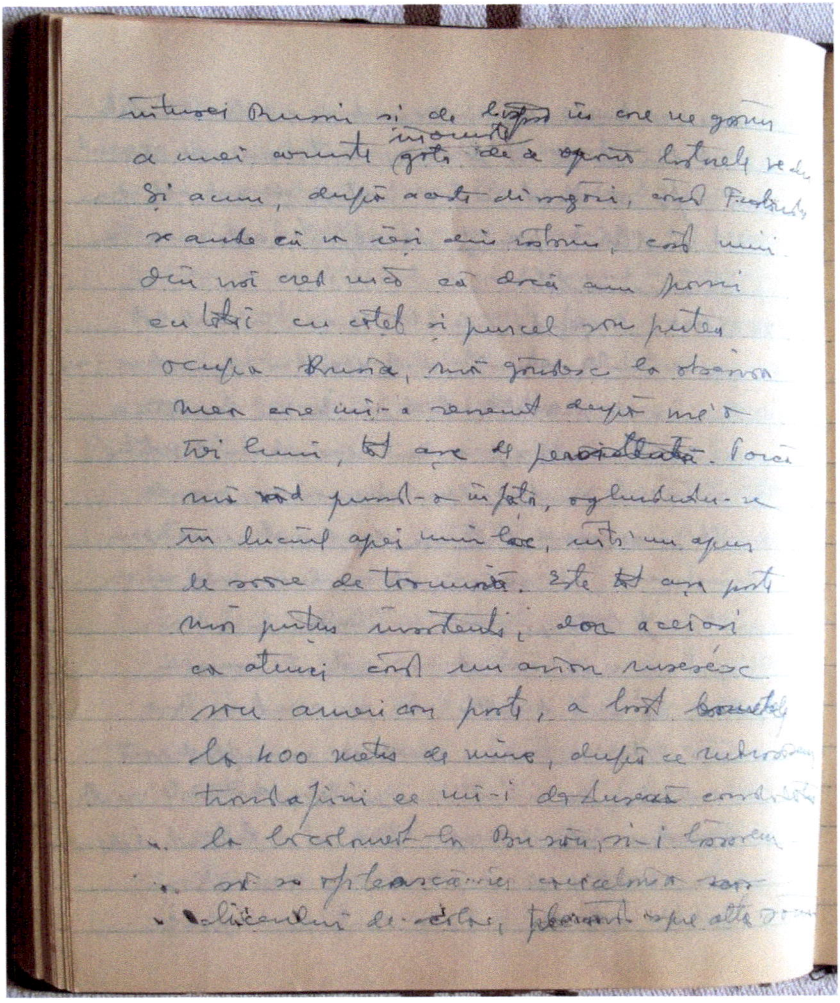

întunecai Prusia şi de lupta în care ne găseam
a unei armate înfrânte gata de a opri [illegible] se du
Şi acum, după aceste dimineţi, când [illegible]
se aude că se ţine din urmă, când unii
din noi cred încă că doar am pornit
cu toţii cu cele şi puşcă vom putea
ocupa Rusia, mă gândesc la obsesia
mea care m-a urmărit după mai
trei luni, tot aşa de persistentă. Parcă
mă văd pornind-o în faţă, oglindindu-se
în luciul apei unui lac, într-un apus
de soare de toamnă. Este tot aşa parte
mă putea înspăimânta, dar aceeaşi
ca atunci când un avion rusesc
sau american parte, a lovit [illegible]
la 400 metri de mine, după ce [illegible]
trandafirii ce mi-i dăruiseră [illegible]
la [illegible] la Braşov, şi-i lăsasem
să se ofilească [illegible]
[illegible] de [illegible], plecând spre altă [illegible]

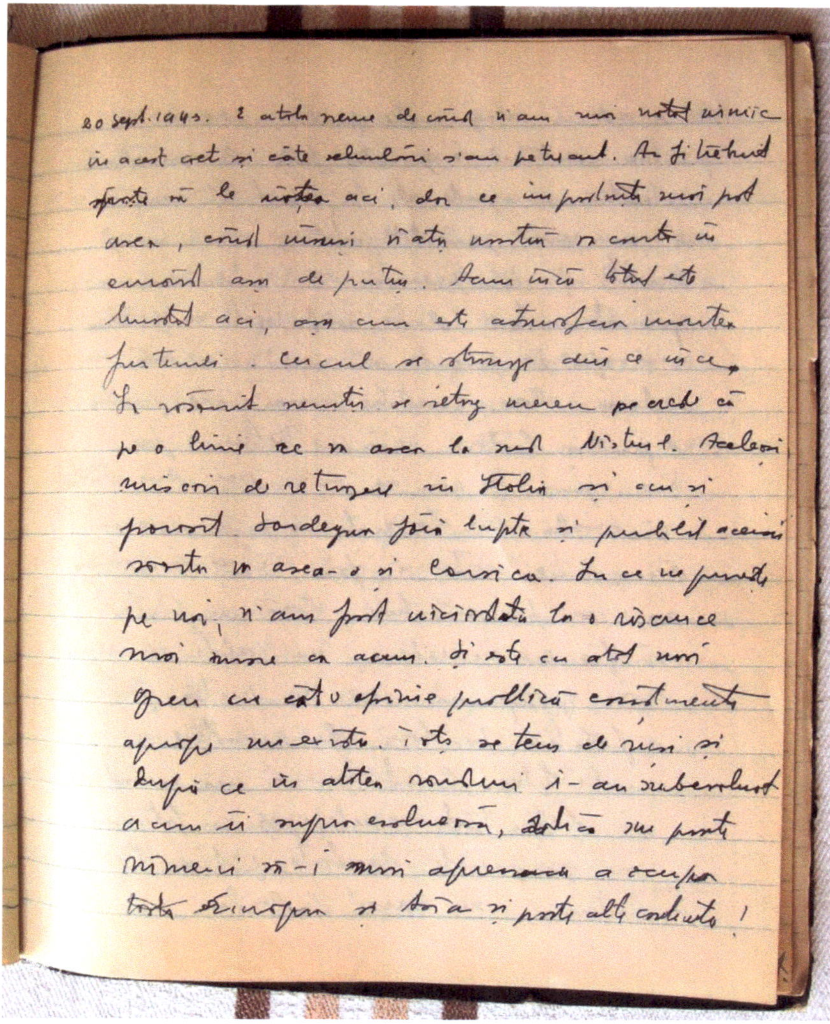

20 sept. 1943. E atâta vreme de când n'am mai notat nimic
în acest caiet și câte schimbări s'au petrecut. Ar fi trebuit
poate să le notez aici, dar ce importanță mai pot
avea, când numai viața noastră se cântă în
curând ani de pieire. Acum încă totul este
liniștit aici, așa cum este atmosfera înaintea
furtunii. Cercul se strânge din ce în ce.
La răsărit nemții se retrag mereu pe acolo ca
pe o linie ce va avea la sud Nistrul. Aceleași
mișcări de retragere în Italia și acum și
părăsit Sardegna fără luptă și probabil aceeași
soartă va avea-o și Corsica. Iar ce ne privește
pe noi, n'am fost niciodată la o răscruce
mai mare ca acum. Și este cu atât mai
greu cu cât o opinie politică conștientă
aproape nu există. Toți se tem de ruși și
după ce în atâtea rânduri i-au subevaluat
acum îi supraevaluează, deși nu poate
nimeni să-i mai aprecieze a ocupa
toată Europa și Asia și poate alte continente!

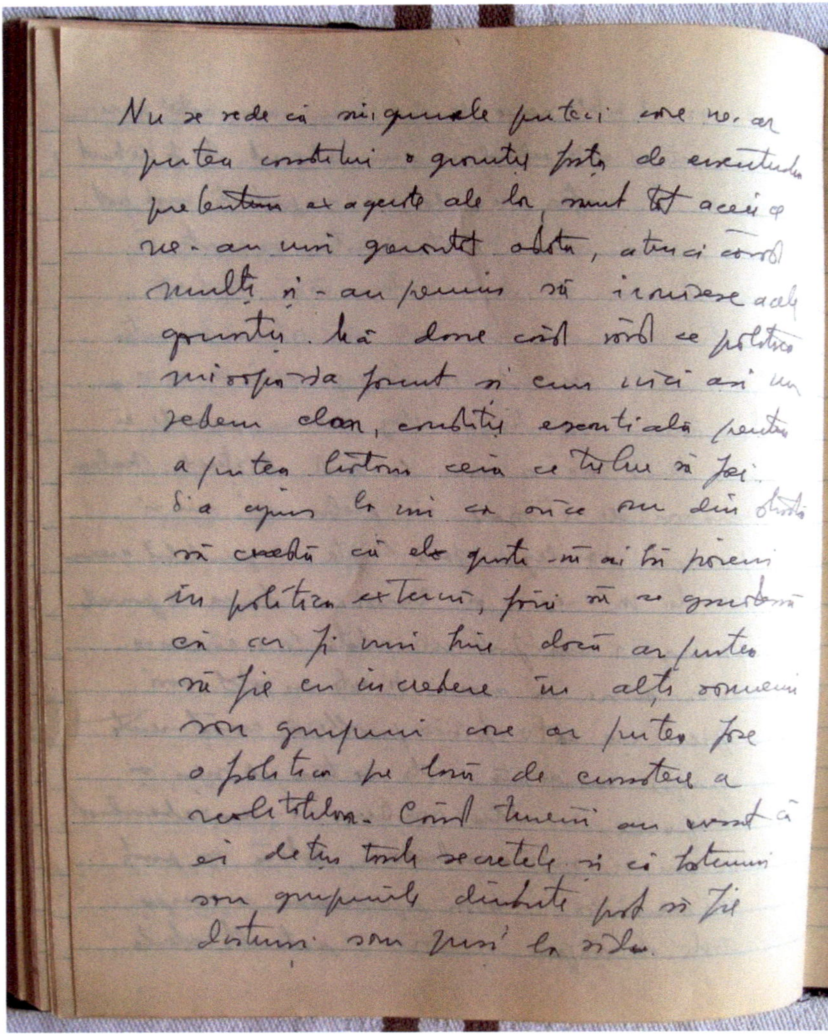

Nu se vede că singurele puteri care ne-ar putea constitui o garanție față de executarea pretențiilor agresive ale lor, sunt tot acele ce ne-au mai garantat odată, atunci când mulți și-au permis să încalce acele garanții. Iară dacă când vorbă de politică misiunea pare lipsită și cum nici azi nu vedem clar, condiție esențială pentru a putea lămuri ceea ce trebuie să faci. S-a ajuns la noi ca oricine din străini să creadă că ele pot să-mi aibă păreri în politica externă, fără să se gândească că ar fi mai bine dacă ar putea să fie cu încredere în alți oameni sau grupuri care ar putea face o politică pe bază de cunoaștere a realităților. Când oamenii au văzut că ei dețin toate secretele și că oamenii sau grupurile dinafară pot să fie distruși sau puși la zid.

11 Ian. 1944. E așa de mult de când nu am mai scris nimic. Starea de spirit în care mă găsesc este așa de schimbată încât nu găsesc tăria de a-mi mai consemna aci gândurile. Cercul de care vorbeam altădată se strânge din ce în ce mai mult. Prevederile mele din nefericire se arată că sunt să se împlinească. Rușii se găsesc la vreo sută de kilometri de granițele țării și de nicăieri nu se vede nici un semn de ușurare. Aci se continuă aceeași viață ca și cum totul s'ar desfășura normal. Azi se desfășoară cu ~~toată~~ amploarea, funeraliile naționale ale lui I. Simionescu, desigur unul din oamenii vrednici de seamă, dar asta poate nu înseamnă încă mare lucru pentru un popor, care i-a servit și este recunoscător pentru ce l-a făcut de atâția ani încoace. Toți acești oameni n'au știut să-și opună gândul lor momentelor în care țara ar fi putut să fie scăpată poate de mari nenorociri. Din contra ei au acceptat și apoi lăudat chiar

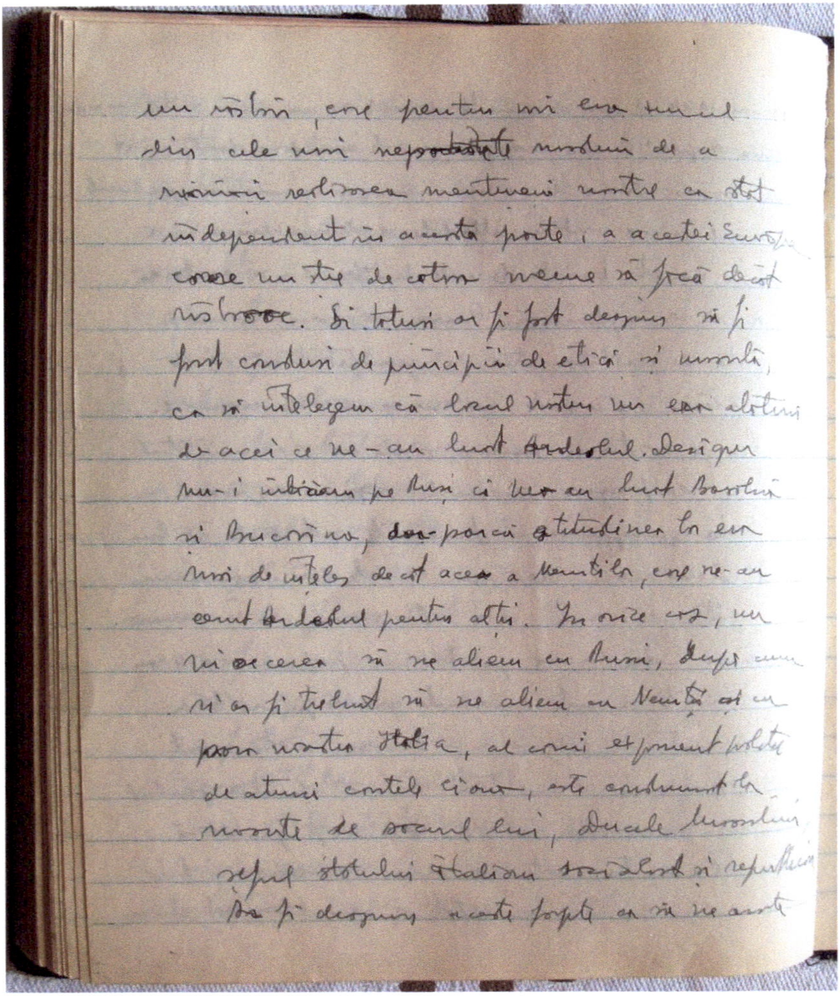

un război, care pentru mi era unul
din cele mai nepotrivite nebunii de a
mânui realizarea menținerii noastre ca stat
independent în această parte, a acestei Europe
care nu știe de ceva mai mult să facă decât
războaie. Și totuși ar fi fost desigur să fi
fost conduși de principii de etică și morală,
ca să înțelegem că locul nostru nu era alături
de acei ce ne-au luat Ardealul. Desigur
nu-i iubeam pe Ruși că ne-au luat Basarabia
și Bucovina, dar parcă atitudinea lor era
mai de înțeles decât acea a Nemților, care ne-au
cerut Ardealul pentru alții. În orice caz, nu
era necesar să ne aliem cu Rușii, după cum
nu ar fi trebuit să ne aliem cu Nemții și cu
sora noastră Italia, al cărei [illegible]
de atunci contele Ciano, este condamnat la
moarte de socrul lui, Ducele Mussolini,
șeful statului italian socialist și republican.
Așa fi desigur aceste fapte ca să ne arate

că locul nostru nu era în asemenea tabără. Dar
ce să mai spunem de o tură care credea odată în
limitele transcedentale a spiritului meu coleg
Cornelius, tot aşa după cum odată se pasiona
cu tiranicie de drumurile celui ce a sosit
cu Dsa., bolborosind letricele supus. Şi acum
credem, după cele ce au fost, persecutat, şi
uciderea, batjocorirea creierului, omului unui
oameni politica sau de unică superioritate culturală
ca Iorga, care va rămâne o pată pe începutul
actualului şef, credem noi că Dsa va avea
grijă de noi, ~~cu condiţia~~ că putem continua
aceeaşi viaţă de lux şi bună stare la Bucureşti
şi de mâine şi sărace în pennuri, în
toate le noastre, ce sunt din ce în ce că nu au
pentru ce trăi, uscat orice s-ar veni nu-i
mai importantă, din ~~grija~~ cu desăvârşire
zice o vorbă mai bisericească. Dar tu lui şi
încă mai şi îmi gândesc de a fi oameni
mijlocie bonetă, care să mi pună, dacă nu mi
fi-pentru, mă retrag în unul din statele dintre cort.

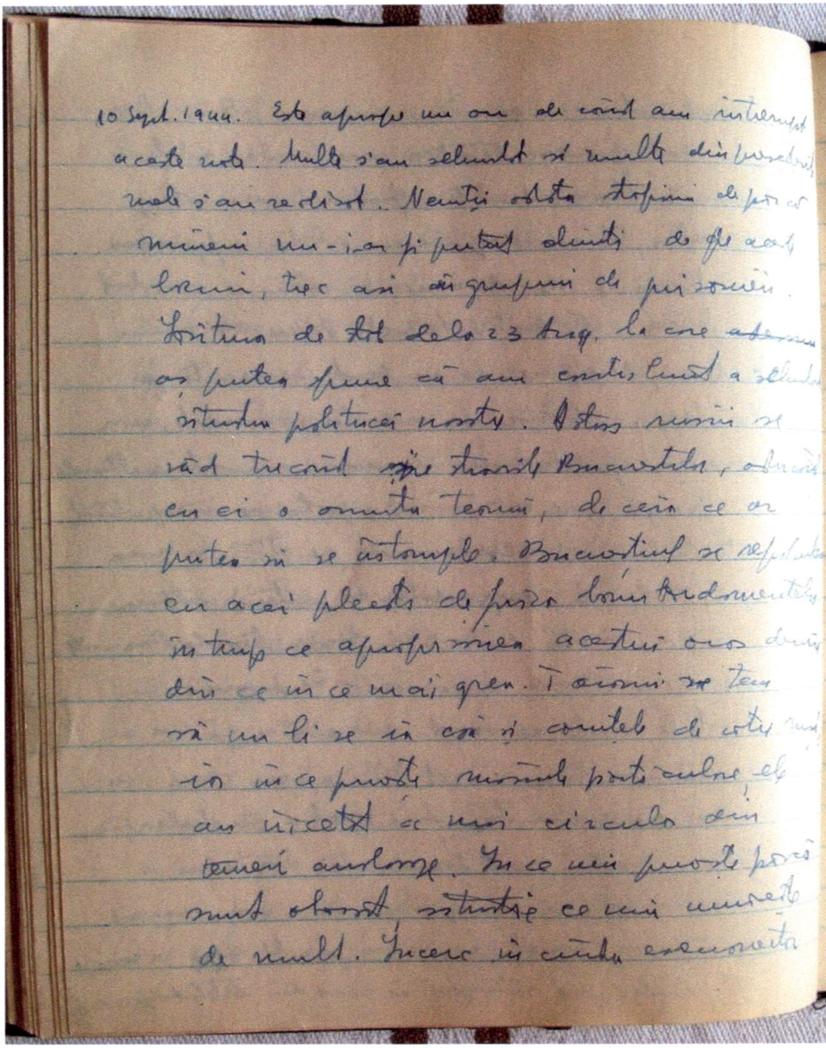
10 Sept. 1944. Este aproape un an de când am întrerupt
aceste note. Multe s'au schimbat și multe din previziunile
mele s'au realizat. Nemții odată stăpâni de [illegible]
românii nu-i-ar fi putut clinti de pe aceste
locuri, trec azi în grupuri de prizonieri.
Lovitura de stat dela 23 Aug. la care asistam
aș putea spune că am contribuit a schimbat
situația politicei noastre. Astăzi rușii se
văd trecând spre străzile Bucureștilor, aducând
cu ei o imensă teamă, de ceia ce ar
putea să se întâmple. Bucureștiul se repopulează
cu acei plecați de frica bombardamentelor
în timp ce apropierea acestui oraș devine
din ce în ce mai grea. Țăranii se tem
să nu li se ia caii și căruțele de către ruși,
iar în ce privește mașinile particulare, ele
au încetat a mai circula din
teamă analoagă. În ce mă privește pe mine
sunt obosit, situație ce mă urmărește
de mult. Încerc în câteva excursii

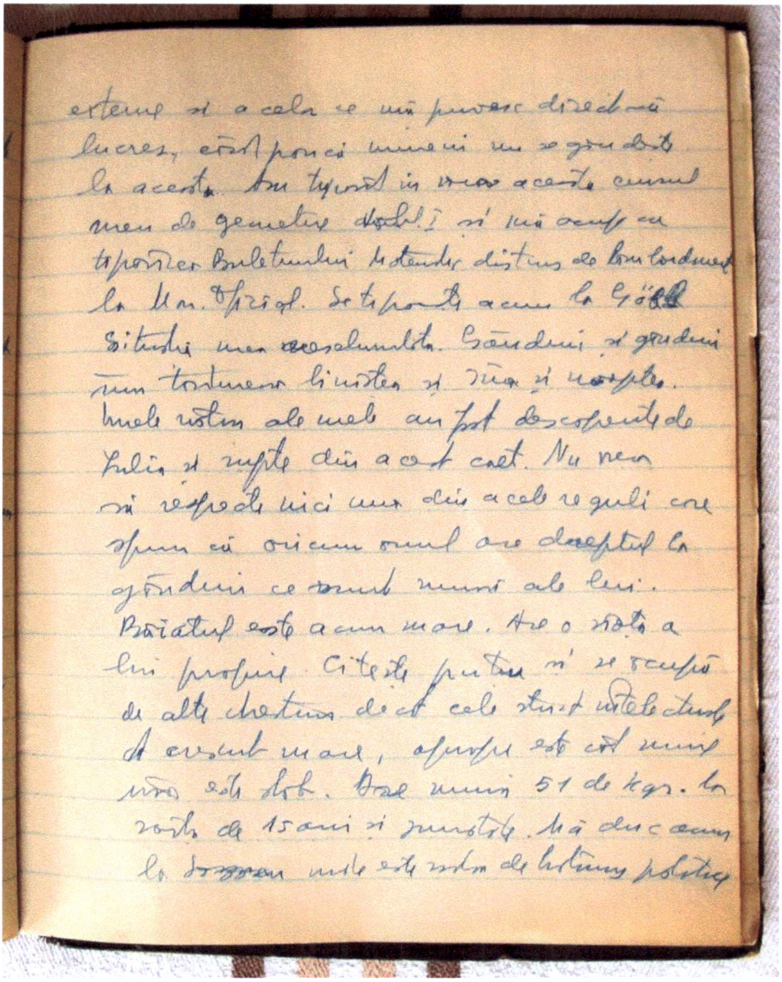
externe și ale celor ce mă privesc direct — 
lucrez, căci pe aici nimeni nu se gândește
la acestea. Am tipărit în sfârșit acest cursul
meu de geometrie [illegible] și mă ocup cu
tipărirea Buletinului [illegible] distins de [illegible]
la Min. [illegible]. Se tipărește acum la Göttingen
Situația mea [illegible]. Gânduri și gânduri
mă torturează liniștea și ziua și noaptea.
Unele notițe ale mele au fost descoperite de
Iulia și rupte din acest caiet. Nu vrea
să respecte nici una din acele reguli care
spun că oricum omul are dreptul la
gândurile ce sunt numai ale lui.
Băiatul este acum mare. Are o viață a
lui proprie. Citește puțin și se ocupă
de alte chestiuni decât cele strict intelectuale.
A crescut mare, aproape este cât mine.
[illegible] este slab. Are numai 51 de kgr. la
vârsta de 15 ani și jumătate. Mă duc acum
la [illegible] unde este [illegible] de [illegible] politice

## Vrănceanu's mathematical laboratory.

The second part of the diary is Vrănceanu's mathematical laboratory. One can find drafts of papers, new ideas, investigations, comments, different notes on references. We will select some of them.

## *Invarianti di un sistema di congruenze*

**G. Vranceanu**

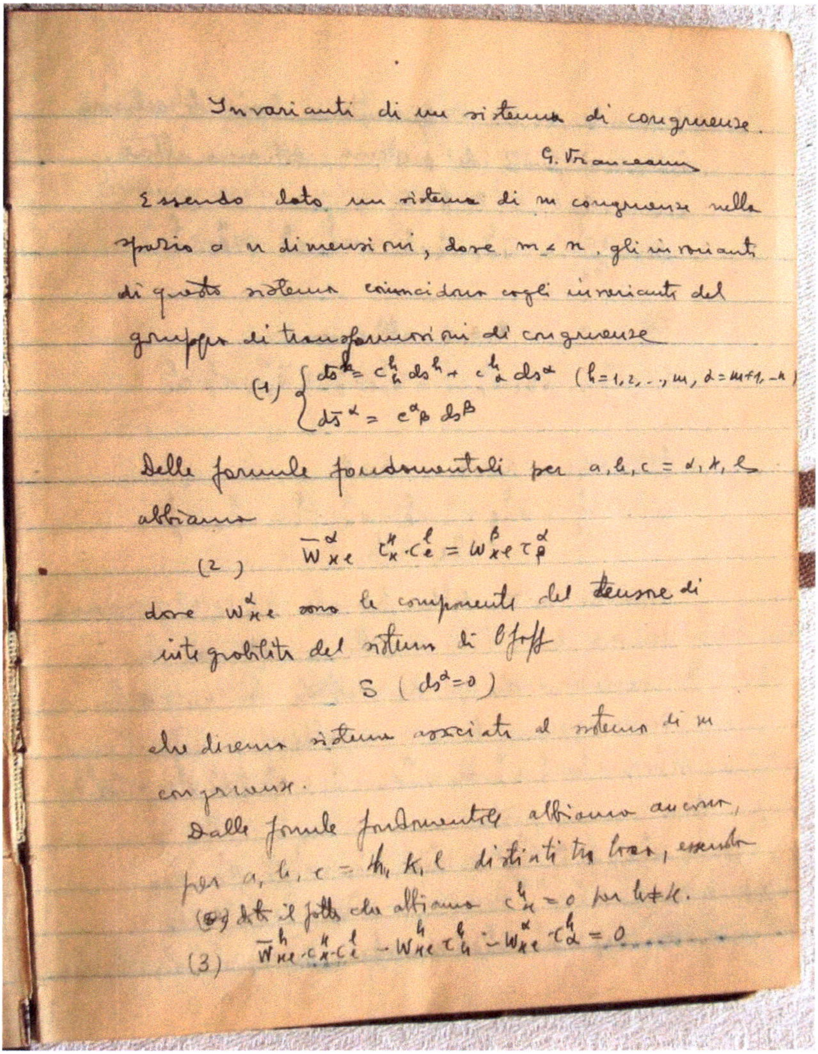

Invarianti di un sistema di congruenze.

G. Vranceanu

Essendo dato un sistema di m congruenze nello spazio a n dimensioni, dove $m < n$, gli invarianti di questo sistema coincidono cogli invarianti del gruppo di trasformazioni di congruenze

$$(1)\quad \begin{cases} ds^{*h} = c^h_k\, ds^k + c^h_\alpha\, ds^\alpha \quad (h = 1, 2, \ldots, m,\ \alpha = m+1, \ldots n) \\ ds^{*\alpha} = c^\alpha_\beta\, ds^\beta \end{cases}$$

Dalle formule fondamentali per $a, b, c = \alpha, k, l$ abbiamo

$$(2)\quad \overline{W}^\alpha_{kl}\, c^k_x \cdot c^l_e = W^\beta_{xe}\, c^\alpha_\beta$$

dove $W^\alpha_{xe}$ sono le componenti del tensore di integrabilità del sistema di Pfaff

$$S\ (ds^\alpha = 0)$$

che diremo sistema associato al sistema di m congruenze.

Dalle formule fondamentali abbiamo ancora, per $a, b, c = h, k, l$ distinti tra loro, essendo dato il fatto che abbiamo $c^h_k = 0$ per $h \neq k$.

$$(3)\quad \overline{W}^h_{kl} \cdot c^k_x \cdot c^l_e - W^h_{ke}\, c^h_h - W^\alpha_{ke}\, c^h_\alpha = 0 \ldots$$

Le formule (2), (3) rappresentano così le relazioni in termini finiti del problema. Abbiamo altresì, per $a=b=h$, $c=l$ $h\neq l$

$$(4)\quad \frac{\partial c^h_h}{\partial s^l} = \bar{w}^h_{hl}\, c^h_h\, c^l_l - w^h_{hl}\, c^h_h - w^\alpha_{hl}\, c^l_\alpha$$

Per $a, b, c = \alpha, \beta, l$ abbiamo

$$(5)\quad \frac{\partial c^\alpha_\beta}{\partial s^l} = \bar{w}^\alpha_{rl}\, c^r_\beta\, c^l_l - w^\gamma_{\beta l}\, c^\alpha_\gamma + \bar{w}^\alpha_{\gamma l}\, c^\gamma_\beta\, c^l_l$$

Per $a, b, c = h, \alpha, k$ $h\neq l$

$$(6)\quad \frac{\partial c^h_\alpha}{\partial s^k} = \bar{w}^h_{rk}\, c^r_\alpha\, c^k_l - w^h_{\alpha l}\, c^l_h - w^\beta_{\alpha k}\, c^h_\beta + \bar{w}^h_{\beta l}\, c^\beta_\alpha\, c^l_l$$

Tenendo conto delle formule (4), (5), (6) possiamo derivare le (2), (3) rispetto a $s^p$ con la condizione che $p$ sia distinto da $k$, $l$, $h$.

Se deriviamo la (2) rispetto a $p$ otteniamo

$$(6)\quad \bar{w}^\alpha_{kl,p}\, c^k_k\, c^l_l\, c^b_\gamma = w^\beta_{kl,p}\, c^\alpha_\beta + c^\alpha_\beta\, c^k_\gamma A_{\beta\gamma} + c^\alpha_\beta\, c^l_\gamma B_{\beta\gamma}$$

dove si è posto

$$w^\alpha_{kl,p} = \frac{\partial w^\alpha_{kl}}{\partial s^p} + w^\alpha_{kl}\left(w^k_{kp} + w^l_{lp}\right) - w^\gamma_{kl}\, w^\alpha_{\gamma p} - w^\alpha_{rp}\, w^r_{kl} \qquad r\neq k, l$$

e $A_{\beta\gamma} = w^\beta_{kl}\, w^\gamma_{kp} + w^\beta_{kp}\, w^\gamma_{kl}$, $B_{\beta\gamma} = w^\beta_{kl}\, w^\gamma_{lp} + w^\beta_{lp}\, w^\gamma_{kl}$

dove si è posto $\alpha^k_\gamma = \frac{c^k_\gamma}{c^k_k}$;

Possiamo anche scrivere la formula (6)

$$\overline{w}^\alpha_{kl,p} (c^k_k)^2 (c^l_l)^2 c^p_p = w^\beta_{\kappa\xi\rho} c^\alpha_\beta c^\kappa_k c^\xi_l + c^\alpha_\beta c^l_l c^k_\gamma A_{\beta\gamma}$$
$$+ c^\alpha_\beta c^k_k c^l_\gamma B_{\beta\gamma}.$$

Questa formula può essere derivata rispetto a $x^q$. $q \neq k, l, p$ e così via. In modo analogo si può derivare la formula (3) rispetto a $x^p$. $p \neq i,k,l$
In questo modo abbiamo la possibilità di dedurre dalle relazioni (2) (3) altre relazioni in sistemi infiniti, ma in numero limitato.

Supponiamo che il sistema S non è completamente integrabile. In questo caso una almeno delle quantità $w^\alpha_{kl}$ è diversa da zero. Supponiamo che questa sia $w^n_{12} \neq 0$. Possiamo allora ridurre a zero $w^\alpha_{12}$ $\alpha \neq n$. cioè che il sistema

$$\Sigma_m \quad (dx^{m+1} = \dots = dx^{n-1} = 0)$$

diventi un sistema invariante. $c^\alpha_n = 0$ $\alpha = m+1, \dots, n-1$.
Possiamo anche supporre $w^n_{12} = 1$, $c^1_1 c^2_2 = c^n_n$.

Le formule (3) ci danno

$$w^h_{12} c^1_1 c^2_2 - w^h_{12} c^h_h - w^h_{12} c^h_n = 0$$

cosicché possiamo supporre $w^h_{12} = 0$, $c^h_n = 0$ $h \neq 1,2$.

Se il sistema derivato $S'$ di $S$ è ~~esattamente~~ connettente nullo esistono sempre un gruppo di ~~quando~~ $n-m$ coefficienti $w^\alpha_{rs}$, $r, s$ essendo ~~certi~~ determinati valori tra quelli di $k$, e in modo che uno almeno tra $w^\alpha_{rs}$ per $\alpha = m+1, \ldots, n$ sia diverso da zero nel quale caso le equazioni di $S$ si spezzano in $n-m$ equazioni invarianti. Possiamo fare nello stesso tempo in modo che $w^h_{rs} = 0$ $h \neq r, s$. e così che $c^h_\alpha = 0$ $\alpha$ essendo quello per cui $w^\alpha_{rs} \neq 0$. Perciò se esiste un numero $h$ diverso da ~~tutti~~ $r$ ed $s$, l'equazione $ds^h = 0$ è una equazione invariante

$$ds'^h = c^h_h ds^h$$

cosicché il gruppo così diventa un gruppo separabile.

Altrimenti detto.

Se il sistema derivato $S'$ non contiene nessuna equazione possiamo separare le equazioni di $S$ e in generale in più modi scegliendo ridurre uno dei determinanti $W^{\alpha}_{rs}$ $(\alpha = m+1, \ldots, n)$ ed $r, s$ $n-m$ tra le coppie $r, \lambda$ in modo che abbia ~~co~~ elementi diversi da zero solo quelli sulla ~~colonna~~ diagonale principale.

Supponiamo che $S'$ non sia nulla e che abbiamo

$$S' \left( ds^{\lambda} = 0 \quad (\lambda = m+1, \ldots, r.) \right)$$

Allora possiamo separare le equazioni del sistema

$$ds^{\sigma} = 0 \quad (\sigma = r+1, \ldots n)$$

nel senso che esse si trasformano seguendo le formule e considerando gli covarianti $d\bar{s}^{\sigma} = c^{\sigma}_{\sigma} ds^{\sigma} + c^{\sigma}_{\lambda} ds^{\lambda}$.

$$\Delta s^{\lambda} = W^{\lambda}_{\sigma k}\, ds^{\sigma} ds^{k} + W^{\lambda}_{\sigma \rho}\, ds^{\sigma} ds^{\rho} \; (\text{mod } ds^{\lambda}) \quad \rho = r+1, \ldots n$$

possiamo separare le eq. di $S'$ se $S''$ è nulla e così $s\lambda$, perché $ds^{\sigma}$ e $ds^{\lambda}$ ?

Consideriamo il sistema

$$S_1 \, ( ds^1 = 0, \; ds^\alpha = 0 )$$

e supponiamo che nessuna delle equazioni $ds^\alpha = 0$ non appartiene al sistema derivato $S_1'$. In questo caso possiamo servirci delle equazioni finite $c^1_\alpha$ in modo da ridurre il massimo numero di coefficienti $w^\alpha_{kl}$ $(k, l \neq 1)$ in modo che il gruppo che ~~contiene~~ conserva queste relazioni nulli debba avere $c^1_\alpha = 0$ e perciò il gruppo è geometrizzabile. ~~Indichiamo~~

Indichiamo con

$$ds^\lambda = 0 \quad (\lambda = m+1, \ldots, n)$$

equazioni ~~del~~ $ds^\alpha = 0$ che appartengono a $S_2'$. Possiamo ridurre allora il gruppo ad avere $c^1_\sigma = 0$ $(\sigma = r+1, \ldots n)$.

Il sistema $ds^1 = ds^\lambda = 0$ è allora un sistema in [illegible] al quale si possono applicare le stesse considerazioni come a $S_1$. Ne risulta che l'equazione $ds^1 = 0$ si può risolvere solo nel caso in cui nel sistema $S_1$ una o più delle equazioni $ds^\alpha = 0$

sono combinazioni integrabili o
discentrano* integrabili in base a $ds^1 = 0$.

~~Queste~~ Considerazioni analoghe si applicano ai sistemi $S_2, \dots, S_n$.

Queste considerazioni non si applicano allo il caso in cui $n=2$ perché in questo caso tutti i sistemi $S_1, S_2$ sono completamente integrabili.

In conclusione. Se uno almeno dei sistemi $S_1, S_2, \dots, S_n$ non hanno che al più una combinazione integrabile ridotta a $ds^1=0$, o $ds^n=0$ il sistema è separabile e perciò geometrizzabile.
~~Se tutti ammettono questa proprietà il gruppo si riduce al gruppo di n congruenze.~~

Consideriamo il caso di eccezione di due congruenze nello spazio a quattro dimensioni
Poniamo ancora

$$\Delta s^3 = ds^1 ds^2, \quad \Delta s^4 = 0 \quad (\mathrm{mod}\ ds^3\, ds^4)$$

$$\Delta s^4 = A\, ds^1 ds^3 + B\, ds^2 ds^3 \quad (\mathrm{mod}\ ds^4)$$

supponiamo che $A$ e $B$ siano tutti due diversi da zero
Consideriamo il gruppo

$$d\bar{s}^1 = \alpha\, ds^1 + a\, ds^3 + b\, ds^4$$

$$d\bar{s}^2 = \beta\, ds^2 + c\, ds^3 + d\, ds^4$$

$$d\bar{s}^3 = \gamma\, ds^3 + \delta\, ds^4, \quad d\bar{s}^4 = \rho\, ds^4.$$

possiamo ridurre A, B a l'unità anche
abbiamo posti

$$\beta = \alpha,\quad \gamma = \alpha^2,\quad \rho = \alpha^3$$

Supponiamo che abbiamo tre congruenze
nello spazio a quattro dimensioni

$$ds^4 = A\, ds^1 ds^2 + B\, ds^1 ds^3 + C\, ds^2 ds^3$$

Se il gruppo è scritto          Dove non $A, B, C \neq 0$

$$\bar{ds}^1 = \alpha\, ds^1 + a\, ds^4 \qquad A = B = C = 1$$

$$\bar{ds}^2 = \beta\, ds^2 + b\, ds^4 \qquad \alpha = \beta = \gamma \quad \delta = \alpha^2$$

$$\bar{ds}^3 = \gamma\, ds^3 + c\, ds^4$$

$$\bar{ds}^4 = \delta\, ds^4$$

Se noi consideriamo i sistemi associati
$S_1, S_2, S_3$, possiamo ridurre a zero
$W^1_{23}, W^2_{13}, W^3_{12}$ ed allora se il gruppo diventa

$$\bar{ds}^1 = \alpha\, ds^1,\quad \bar{ds}^2 = \alpha\, ds^2,\quad \bar{ds}^3 = \alpha\, ds^3,\quad \bar{ds}^4 = \alpha^2 ds^4.$$

Se il sistema S è completamente integrabile, allora abbiamo come relazioni in termini finite solamente le (3)

$$\bar{w}^h_{kl}\, c^k_x c^l_e - w^h_{kl}\, c^h_h = 0$$

Sia $m=3$ e supponiamo che nessuna delle sistemi ~~eq. $ds^1=0$ non~~ $S_1, S_2, S_3$ non è completamente integrabile

Possiamo fare in modo che $w^1_{23} = w^2_{31} = w^3_{12} = 1$

ed allora $c^1_1 = c^2_2 = c^3_3 = 1$ e abbiamo il gruppo

$$d\bar{s}^1 = ds^1 + a\, ds^4,\; d\bar{s}^2 = ds^2 + b\, ds^4,\; d\bar{s}^3 = ds^3 + c\, ds^4,\; d\bar{s}^4 = \lambda\, ds^4$$

così che il covariante

$$\Delta s^1 = ds^2 ds^3 + A\, ds^1 ds^2 + B\, ds^1 ds^3 \pmod{ds^4}$$

è un invariante del problema. così che $\underline{A}$ e $\underline{B}$ sono degli invarianti

$$\frac{\partial \bar{A}}{\partial s^4} = \frac{\partial \bar{A}}{\partial \bar{s}^a}\cdot\frac{\partial \bar{s}^a}{\partial s^4} = \frac{\partial \bar{A}}{\partial \bar{s}^1}a + \frac{\partial \bar{A}}{\partial \bar{s}^2}b + \frac{\partial \bar{A}}{\partial \bar{s}^3}c + \frac{\partial \bar{A}}{\partial \bar{s}^4}\lambda$$

$\frac{\partial A}{\partial s^1} = \frac{\partial \bar{A}}{\partial \bar{s}^1}$, Se tra ~~parti~~ gli invarianti $w^1_{12}, w^1_{13}, w^2_{21}, w^2_{23}, w^3_{31}, w^3_{32}$ hanno delle derivate rispetto a $s^1 s^2 s^3$ formando un determinante diverso da zero allora si possono ridurre le derivate $\frac{\partial w^1_{12}}{\partial s^4}$ a zero e il gruppo à l'unità.

## *Invarianții unui sistem de ecuații diferențiale*

## *Invariants of a system of differential equations*

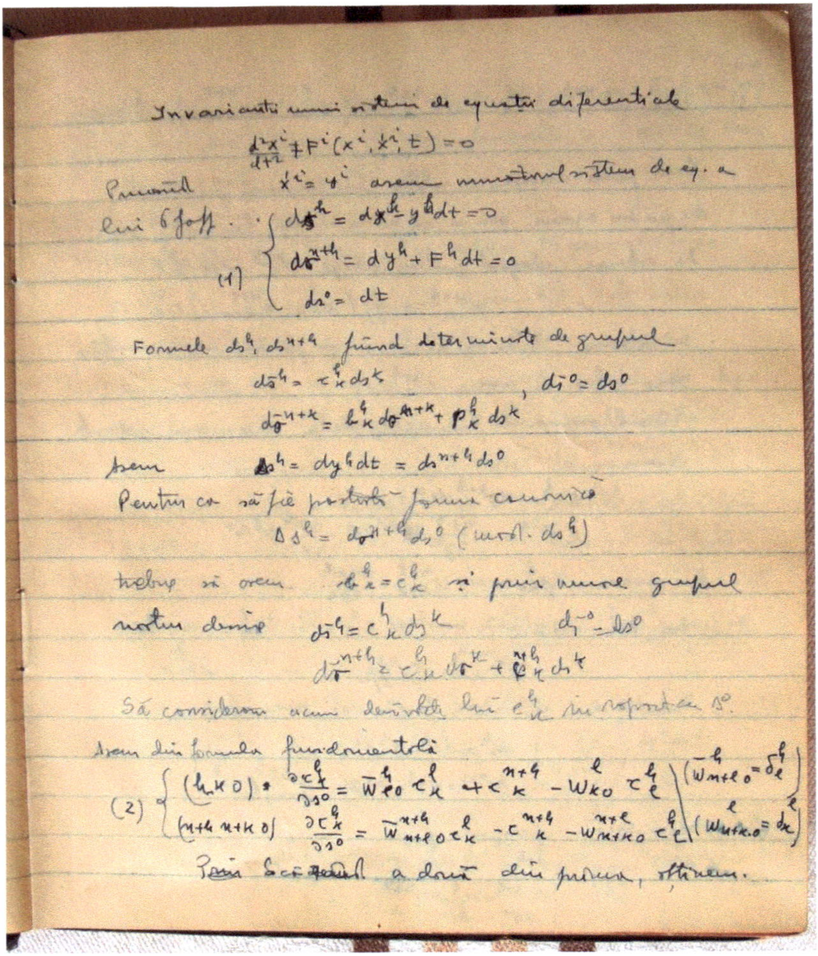
Invarianții unui sistem de ecuații diferențiale

$$\frac{d^2x^i}{dt^2} + F^i(x^i, \dot{x}^i, t) = 0$$

Punând $\dot{x}^i = y^i$ avem următorul sistem de ec. a lui Pfaff.

$$(1)\quad \begin{cases} ds^h = dx^h - y^h dt = 0 \\ ds^{n+h} = dy^h + F^h dt = 0 \\ ds^0 = dt \end{cases}$$

Formele $ds^h, ds^{n+h}$ fiind determinate de grupul

$$d\bar{s}^h = c^h_k ds^k, \qquad d\bar{s}^0 = ds^0$$
$$d\bar{s}^{n+k} = b^h_k ds^{n+k} + p^h_k ds^k$$

Avem $\Delta s^h = dy^h dt = ds^{n+h} ds^0$

Pentru ca să fie păstrată forma covariantă

$$\Delta s^h = ds^{n+h} ds^0 \ (\text{mod. } ds^h)$$

trebuie să avem $b^h_k = c^h_k$ și prin urmare grupul nostru devine

$$d\bar{s}^h = c^h_k ds^k \qquad d\bar{s}^0 = ds^0$$
$$d\bar{s}^{n+h} = c^h_k ds^{n+k} + p^{n+h}_k ds^k$$

Să considerăm acum derivata lui $c^h_k$ în raport cu $s^0$.

Avem din formula fundamentală

$$(2)\quad \begin{cases} (h,k,0)\quad \frac{\partial c^h_k}{\partial s^0} = \bar{w}^h_{l0} c^l_k + c^{n+h}_k - w^l_{k0} c^h_l & (\bar{w}^h_{n+l\,0} = \delta^h_l) \\ (n+h, n+k, 0)\quad \frac{\partial c^h_k}{\partial s^0} = \bar{w}^{n+h}_{n+l\,0} c^l_k - c^{n+h}_k - w^{n+l}_{n+k\,0} c^h_l & (w^l_{n+k\,0} = \delta^l_k) \end{cases}$$

Prin scăderea a doua din prima, obținem.

$$(3)\qquad (\bar{w}^h_{l0} - \bar{w}^{n+h}_{n+l\,0})\, c^l_k + 2 c^{n+h}_k - (w^l_{k0} - w^{n+l}_{n+k\,0})\, c^h_l = 0$$

Avem prin urmare o relație în termeni finiți și ne putem aranja așa ca ea să se reducă la $c^{n+h}_k = 0$

În adevăr, ~~alegînd~~ putem alege ~~$c^{n+h}_k$ așa~~ fel

$$c^{n+h}_k = \frac{1}{2} (w^l_{k0} - w^{n+l}_{n+k.0})\, c^h_l$$

și atunci $\bar{w}^h_{l0} - \bar{w}^{n+h}_{n+l.0} = 0$ și pentru ca l mentin

zero trebuie să avem $c^{n+h}_k = 0$.

Ținînd seama de formulele dela care am plecat,

avem.

$$\Delta s^h = ds^{n+h} ds^0$$

$$\Delta s^{n+h} = -\frac{\partial F^h}{\partial y^l} ds^{n+l} ds^0 - \frac{\partial F^h}{\partial x^l} ds^l ds^0$$

deci avem $\quad w^l_{k0} = 0 \quad w^{n+l}_{n+k} = -\frac{\partial F^l}{\partial y^k}$

deci ~~trebuie să luăm~~ scriind $c^h_l = \delta^h_l$ - trebuie să luăm

$$c^{n+h}_k = \frac{1}{2} \frac{\partial F^h}{\partial y^k}.$$

Rezultă deci că două luăm ca noi forme

$$(4)\quad \begin{cases} ds^h = dx^h - y^h dt \\ ds^{n+h} = dy^h + F^h dt + \frac{1}{2} \frac{\partial F^h}{\partial y^k} ds^k \end{cases}$$

și considerăm grupul

$$(5)\quad \begin{cases} ds^h = c^h_k ds^k \\ ds^{n+h} = c^h_k ds^{n+k} \\ ds^0 = ds^0 \end{cases}$$

## *Spații neolonome nelineare*

## *Nonlinear nonholonomic spaces*

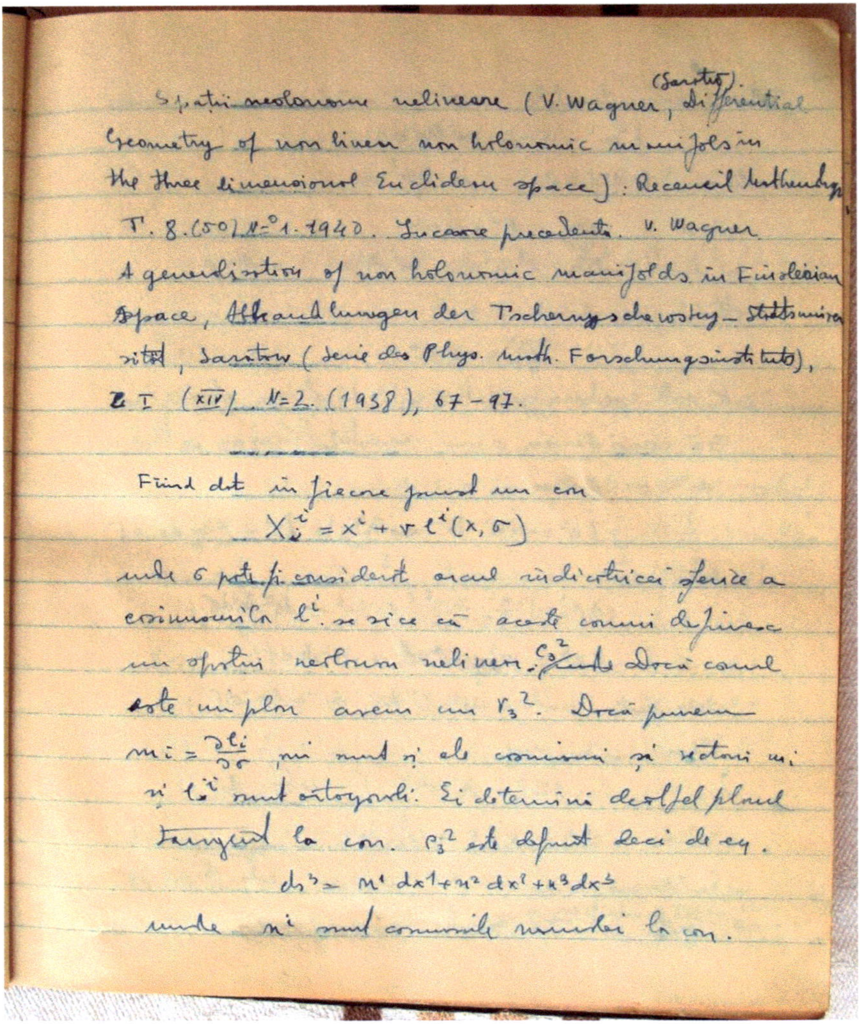

Spații neolonome neliniare (V. Wagner, (Saratov). Differential Geometry of non linear non holonomic manifols in the three dimensional Euclidean space): Recueil Mathématique T. 8. (50) N° 1. 1940. Lucrare precedentă. V. Wagner A generalization of non holonomic manifolds in Finslerian space, Abhandlungen der Tschernyschewsky-Staatsuniversität, Saratow (Serie des Phys. math. Forschungsinstituts), T. I (XIV), N=2. (1938), 67-97.

Fiind dat în fiecare punct un con

$$X^i = x^i + v\, l^i(x, \sigma)$$

unde $\sigma$ poate fi considerat arcul indicatricei sferice a cosinusurilor $l^i$, se zice că aceste conuri definesc un spațiu neolonom neliniar $C_3^2$. Dacă conul este un plan avem un $V_3^2$. Dacă punem $m^i = \frac{\partial l^i}{\partial \sigma}$, $m^i$ sunt și ele cosinusuri și vectorii $m^i$ și $l^i$ sunt ortogonali. Ei determină deci astfel planul tangent la con. $C_3^2$ este definit deci de ec.

$$ds^3 = n^1 dx^1 + n^2 dx^2 + n^3 dx^3$$

unde $n^i$ sunt cosinusurile normalei la con.

Deci sunt formulele

$$l^i m^i = 0 \qquad m^i m^i = 1$$

obținem $l^i \frac{\partial m^i}{\partial \sigma} + 1 = 0 \qquad m_i \frac{\partial m^i}{\partial \sigma} = 0$

deci $$\frac{\partial m^i}{\partial \sigma} = - l^i + k n^i$$

și din formulele $l^i n^i = 0 \quad m^i n^i = 0 \quad n^i n^i = 1$

obținem prin derivare

$$\frac{\partial n^i}{d\sigma} = - k m^i$$

$k$ este curbura geodetică a indicatricei sferice.

Să considerăm acum conturul Pfaffian al lui

$ds^3 = 0$, avem

$$\Delta s^3 = - dn^i \cdot dx^i = \frac{\partial n^i}{\partial x^r} dx^i dx^r + \frac{\partial n^i}{\partial \sigma} dx^i d\sigma$$

deci

$$\Delta s^3 = \left( \frac{\partial n^i}{\partial x^r} - \frac{\partial n^r}{\partial x^i} \right) dx^i dx^r + ds^2 \, k \, d\sigma$$

$$\Delta s^3 = W^3_{\alpha\beta} ds^\alpha ds^\beta - ds^2 \, k \, d\sigma$$

unde putem nota $ds^1 = l^i dx^i$, $ds^2 = m^i d\sigma$

Deci putem scrie

$$\Delta s^3 = ds^2 ds^4 \quad (\text{mod. } ds^3)$$

unde $ds^4 = - k \, d\sigma + W^3_{21} ds^1$

Problema pusă de Wagner este a se găsi int. geom. a sistemul la ec. $ds^3 = 0$ se reduce condiția ca metrica lui $R_3$

$$ds^2=(ds^1)^2+(ds^2)^2+(ds^3)^2$$

să fie un invariant. Formele $ds^1, ds^2, ds^3, ds^4$ sunt determinate de grupul

$$d\bar{s}^1=ds^1,\ d\bar{s}^2=ds^2,\ d\bar{s}^3=ds^3,\ d\bar{s}^4=ds^4+b\,ds^1+c\,ds^3$$

deoarece $ds^3$ trebuie să se transforme în el însuși și $ds^2$ nu poate conține $ds^1$. Dacă anulăm $w^3_{23}$ putem face $c=0$ și grupul este geometrizabil. Pentru a nu se putea determina le ar trebui ca

$\Delta s^2$ (mod $ds^2$) să fie nul deci $ds^2=0$ complet integrabilă. Deasemenea trebuie să fie nuli $w^1_{14}, w^1_{34}$, $w^2_{14}, w^2_{34}$, $w^3_{14}, w^3_{34}$, deasemenea $w^4_{13}, w^4_{14}, w^4_{34}$

$$\Delta s^1 = A_1 ds^1 ds^2 + B_1 ds^1 ds^3 + C_1 ds^2 ds^3 + D_1 ds^2 ds^4$$

$$\Delta s^2 = A_2 ds^1 ds^2 + B_2 ds^1 ds^3 + C_2 ds^2 ds^3 + D_2 ds^2 ds^4$$

$$\Delta s^3 = ~~A_3 ds^1 ds^2~~ + B_3 ds^1 ds^3 + D_3 ds^2 ds^4$$

$$\Delta s^4 = A_4 ds^1 ds^2 + C_4 ds^2 ds^3 + D_4 ds^2 ds^4$$

$$ds^3 = dx^3 + \frac{(x^4)^2}{2} dx^2,\ ds^2 = x^1 dx^2,\ ds^1 = dx^1,\ ds^4 = dx^4$$

Deoarece prin eliminarea parametrului $\sigma$ între ecuațiile $ds^1=0$, $ds^3=0$ ajungem la o ec. a lui Monge-Ampère $F(x^1 x^2 x^3 dx^1 dx^2 dx^3)=0$

Din formulele fundamentale

(221), (441) obținem

$$\frac{\partial \alpha}{\partial s^1} = \bar{w}^2_{21}\alpha - b - w^2_{21}\alpha$$

$$\frac{\partial \alpha}{\partial s^1} = \bar{w}^4_{41}\alpha + b - w^4_{41}\alpha$$

Și prin scădere

$$(\bar{w}^4_{41} - \bar{w}^2_{21})\alpha + 2b + (w^4_{41} - w^2_{21})\alpha = 0$$

Deci anulând $w^2_{21} - w^4_{41} = 0$ $b = 0$

Deci grupul este

$\Gamma$ $\bar{ds}^1 = ds^1$, $\bar{ds}^2 = \alpha ds^2$, $\bar{ds}^3 = \alpha^2 ds^3$, $\bar{ds}^4 = \alpha ds^4$

cu condițiile

$$\Delta s^3 = ds^2 ds^4 \ (\mathrm{mod}\ ds^3) \qquad \Delta s^2 = ds^1 ds^4 + w^2_{34} ds^3 ds^4 \ (\mathrm{mod}\ ds^2)$$

$$w^1_{14} = w^1_{24} = 0 \qquad w^3_{34} = 2w^2_{24}, \qquad w^2_{21} = w^4_{41}.$$

Grupul de aplicabilitate a spațiului va depinde deci de cel mult 5 parametri.

Pentru ca grupul să aibă cinci parametri este necesar ca

$\Delta s^1 = 0$, $\Delta s^2 = ds^1 ds^4 \ (\mathrm{mod}\ ds^2)$. $\Delta s^3 = ds^2 ds^4 \ (\mathrm{mod}\ ds^3)$,

$\Delta s^4 = w^4_{12} ds^1 ds^2 \ (\mathrm{mod}\ ds^4)$. $\left(\frac{\partial w^4_{12}}{\partial s^\alpha} = 0 \ \alpha = 2, 3, 4\right)$.

Un caz particular este dat de

$ds^1 = 0$ $ds^2 = dx^2 + x^4 dx^1$, $ds^3 = dx^3 + x^4 dx^2 + \frac{x_4^2}{2} dx^1$

$ds^4 = dx^4$. Ec. lui [illegible] este $(dx^2)^2 - 2dx^1 dx^3 = 0$

## *Asupra teoremei generale de equivalență*

## *On a general equivalence theorem*

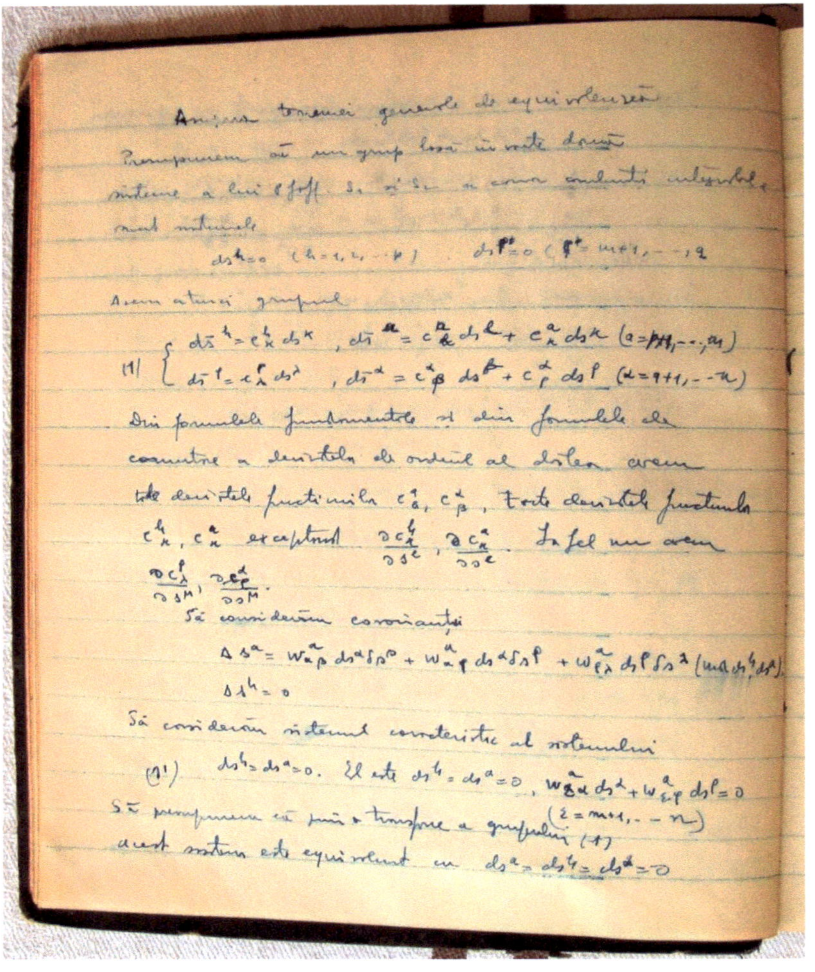

Ceea ce înseamnă că există o transformare astfel ca să avem

(2) $w^a_{\alpha\rho} = w^a_{\rho\lambda} = 0$ și matricea $|w^\alpha_{a\rho}|$ $\begin{matrix} a=p+1,\dots m \\ \alpha,\rho \end{matrix}$ de rang m-q.

În acest caz formulele ce ne dau transformarea tensorului de neintegrabilitate $(w^a_{\lambda\rho}, w^a_{\alpha\rho}\ w^\alpha_{\rho\lambda})$ nu conțin coeficienții $c^\rho_\lambda$, $c^\alpha_\rho$ și grupul care păstrează condițiile (2), are coeficienții $c^\alpha_\rho$ nuli.

Dacă avem deasemenea $w^\alpha_{ha} = w^\alpha_{hk} = 0$ și $|w^\alpha_{ah}|$ de rang m-p coeficienții $c^a_h$ vor fi nuli. În aceste condiții vom avea ca invarianți

$$\Delta s^a = w^a_{\alpha\beta}\, ds^\alpha \delta s^\beta + ~~w^a_{hk}\, ds^h \delta s^k~~ + w^a_{h\rho}\, ds^h \delta s^\rho + w^a_{h\alpha}\, ds^h \delta s^\alpha \ (\text{mod } ds)$$

Să considerăm identitatea

$$(a\rho\lambda\alpha) = 0 : \quad w^a_{\rho f} w^f_{\lambda\alpha} + w^a_{\lambda f} w^f_{\alpha\rho} + w^a_{\alpha f} w^f_{\rho\lambda} = 0$$

$$~~w^a_{\rho b} w^b_{\lambda\alpha}~~ + ~~w~~ \qquad + w^a_{\alpha\beta} w^\beta_{\rho\lambda} = 0$$

deci $w^\beta_{\rho\lambda} = 0$ și la fel $w^a_{hk} = 0$.

Deci asupra funcțiilor $c^h_k$ nu se acționează nici o relație dacă vom avem $w^\alpha_{h\rho} = w^a_{h\alpha} = 0$ și la fel $w^\alpha_{h\rho} = w^\alpha_{\rho a} = 0$

În acest caz sistemul avem trei sisteme separate

$$ds^h = 0, \quad ds^a = ds^\alpha = 0, \quad ds^\rho = 0$$

Reducând cum primul și ultimul sunt complect neintegrabile putem presupunea $s^1, \dots s^m$ variabile și $s^{m+1}, \dots$ ș.a.m. asemenea și funcțiile de echivalență vor cuprinde

$x^h = f^h(s^1, \dots s^m)$, $x^\rho = f^\rho(s^{m+1} \dots s^q)$

dacă unde $f$ sunt funcții arbitrare. Deci în total p funcții arbitrare de p variabile $s^1, \dots, s^m$ constituind integralele lui $S_1$ și q-m funcții arbitrare de q-m variabile, constituind integralele lui $S_2$.

Să presupunem acum că sistemul caracteristic dual nu se reduce la $ds^\alpha = 0$, conținut în acest sistem. Există deci valori $\alpha\rho$ așa ca dat fiind a luat n−q valori de ~~constantele~~ $w^a$ sistemul $w^a_{\alpha\beta}\,\varepsilon^\beta = 0$ să admită numai soluția $\varepsilon^\rho = 0$. În acest caz putem presupune valorile $w^a_{\alpha\rho}$ sunt nule printr-o transformare a grupului (x) și atunci $c^\alpha_\rho$ nule.

## *Spaţii a lui Riemann singulare*

## *Singular Riemannian spaces*

## *See Gr. C. Moisil, Sur les géodésiques des espaces de Riemann singuliers,*

## *Bul. Math. Tome XVII (1), pg.33*

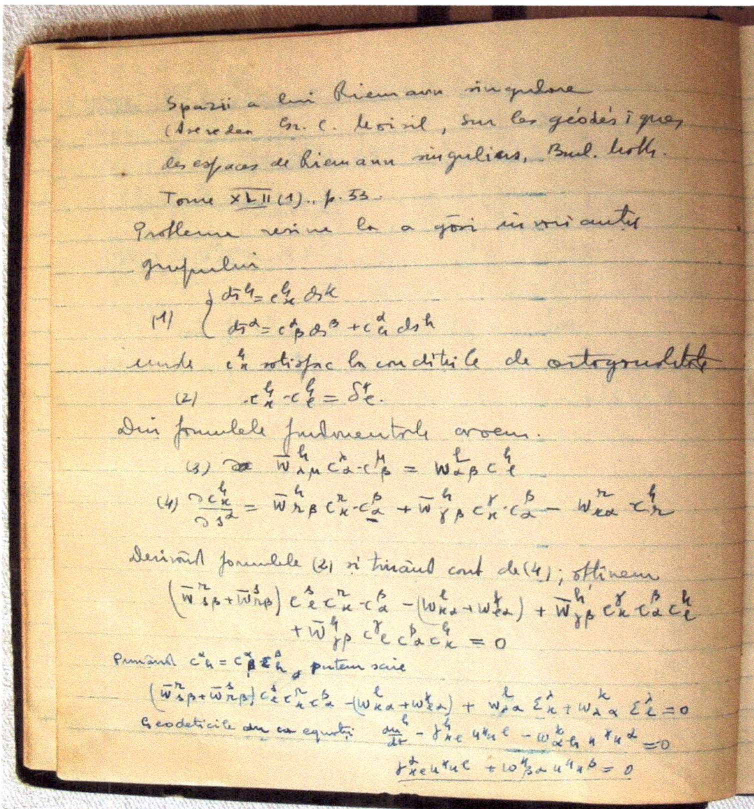
Spaţii a lui Riemann singulare
(A se vedea Gr. C. Moisil, Sur les géodésiques des espaces de Riemann singuliers, Bul. Math. Tome XVII (1), p. 33.
Problema revine la a găsi invarianţii grupului

(1) $\begin{cases} ds^h = c^h_k ds^k \\ ds^\alpha = c^\alpha_\beta ds^\beta + c^\alpha_h ds^h \end{cases}$

unde $c^h_k$ satisfac la condiţiile de ortogonalitate

(2) $c^h_k c^l_k = \delta^h_l$.

Din formulele fundamentale avem.

Derivând formulele (2) şi ţinând cont de (4); obţinem

Studiul proiectiv al lui $V_3^2$ în $S_3$ proiectiv.

([illegible], Sulle varietà anolonome I. Alcuni teoremi generali, II. Le $V_3^2$ dei $S_3$ proiettivi, Lincei, vol. XXVII, (1938) p. 37.–52.]

Fiind dată o varietate $V_3^2$ sub forma

$$dz - p\,dx - q\,dy = 0$$

Putem să alegem reperul așa fel ca în punctul (0.0.0) $p = q = 0$. făcând transformarea

$$X = \frac{\alpha_{11}x + \alpha_{12}y + \alpha_{13}z}{1 + \alpha_{41}x + \alpha_{42}y + \alpha_{43}z}, \quad Y = \frac{\alpha_2}{\alpha_4}, \quad Z = \frac{\alpha_3}{\alpha_4}$$

Ecuația $dZ - P\,dX - Q\,dY = 0$ devine

$$\alpha_4(d\alpha_3 - P\,d\alpha_1 - Q\,d\alpha_2) - d\alpha_4(\alpha_3 - P\alpha_1 - Q\alpha_2) = 0$$ care dă

$$(1)\begin{cases} \alpha_4\left[\alpha_{31} - P\alpha_{11} - Q\alpha_{21} + p(\alpha_{33} - P\alpha_{13} - Q\alpha_{23})\right] - (\alpha_{41} + \alpha_{43}p)(\alpha_3 - P\alpha_1 - Q\alpha_2) = 0 \\ \alpha_4(\alpha_{32} - P\alpha_{12} - Q\alpha_{22} + q(\alpha_{33} - P\alpha_{13} - Q\alpha_{23}) - (\alpha_{42} + \alpha_{43}q)(\alpha_3 - P\alpha_1 - Q\alpha_2) = 0 \end{cases}$$

Egalând cu zero termenii constanți obținem $\underline{\alpha_{31} = \alpha_{32} = 0}$.

Iar termenii de primul grad ne dau

$$\alpha_{33}(p - \alpha_{41}z) = P\alpha_{11} + Q\alpha_{21}$$

$$\alpha_{33}(q - \alpha_{42}z) = P\alpha_{12} + Q\alpha_{22}$$

Dacă punem $p = a_1x + a_2y + a_3z$

$q = b_1x + b_2y + b_3z$

$$\alpha_{33}a_1 = (A_2 + B_1)\alpha_{11}\alpha_{21} + A_1\alpha_{11}^2 + B_2\alpha_{21}^2$$

$$\alpha_{33}b_2 = (A_2 + B_1)\alpha_{22}\alpha_{12} + A_1\alpha_{12}^2 + B_2\alpha_{22}^2$$

## *Invarianţii unei ecuaţii cu derivate parţiale de al doilea ordin*

## *Invariants of a second order partial differential equation*

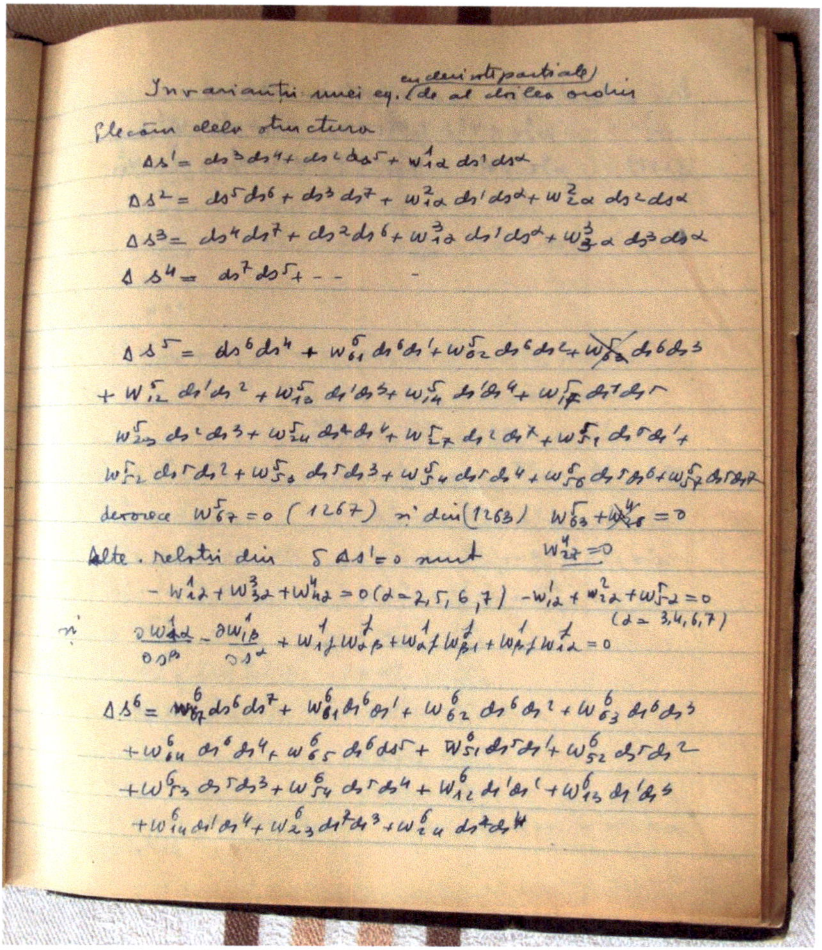

Invarianţii unei eq. cu deriv. parţiale de al doilea ordin

Plecăm dela structura

$\Delta s^1 = ds^3 ds^4 + ds^2 ds^5 + w^1_{1\alpha} ds^1 ds^\alpha$

$\Delta s^2 = ds^5 ds^6 + ds^3 ds^7 + w^2_{1\alpha} ds^1 ds^\alpha + w^2_{2\alpha} ds^2 ds^\alpha$

$\Delta s^3 = ds^4 ds^7 + ds^2 ds^6 + w^3_{1\alpha} ds^1 ds^\alpha + w^3_{3\alpha} ds^3 ds^\alpha$

$\Delta s^4 = ds^7 ds^5 + \ldots$

$\Delta s^5 = ds^6 ds^4 + w^5_{61} ds^6 ds^1 + w^5_{62} ds^6 ds^2 + w^5_{63} ds^6 ds^3 + w^5_{12} ds^1 ds^2 + w^5_{13} ds^1 ds^3 + w^5_{14} ds^1 ds^4 + w^5_{17} ds^1 ds^7$
$w^5_{23} ds^2 ds^3 + w^5_{24} ds^2 ds^4 + w^5_{27} ds^2 ds^7 + w^5_{51} ds^5 ds^1 + w^5_{52} ds^5 ds^2 + w^5_{53} ds^5 ds^3 + w^5_{54} ds^5 ds^4 + w^5_{56} ds^5 ds^6 + w^5_{57} ds^5 ds^7$

deoarece $w^5_{67} = 0$ (1267) şi din (1263) $w^5_{63} + w^4_{27} = 0$, $w^4_{27} = 0$

Alte relaţii din $\delta\Delta s^1 = 0$ sunt

$-w^1_{1\alpha} + w^3_{3\alpha} + w^4_{4\alpha} = 0 \; (\alpha = 2,5,6,7)$ $\quad -w^1_{1\alpha} + w^2_{2\alpha} + w^5_{5\alpha} = 0$ $(\alpha = 3,4,6,7)$

şi $\dfrac{\partial w^1_{1\alpha}}{\partial s^\beta} - \dfrac{\partial w^1_{1\beta}}{\partial s^\alpha} + w^1_{1f} w^f_{\alpha\beta} + w^1_{\alpha f} w^f_{\beta 1} + w^1_{\beta f} w^f_{1\alpha} = 0$

$\Delta s^6 = w^6_{67} ds^6 ds^7 + w^6_{61} ds^6 ds^1 + w^6_{62} ds^6 ds^2 + w^6_{63} ds^6 ds^3 + w^6_{64} ds^6 ds^4 + w^6_{65} ds^6 ds^5 + w^6_{51} ds^5 ds^1 + w^6_{52} ds^5 ds^2 + w^6_{53} ds^5 ds^3 + w^6_{54} ds^5 ds^4 + w^6_{12} ds^1 ds^2 + w^6_{13} ds^1 ds^3 + w^6_{14} ds^1 ds^4 + w^6_{23} ds^2 ds^3 + w^6_{24} ds^2 ds^4$

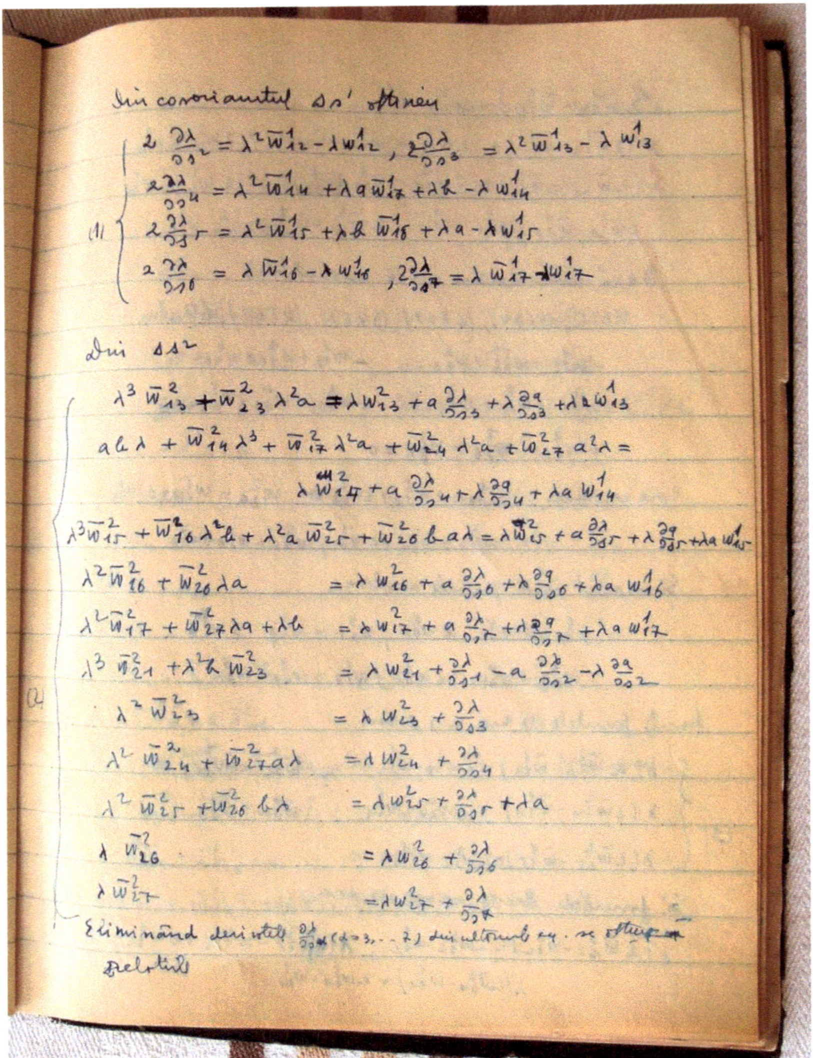

Din covariantul $ds'$ obținem

$$(1)\quad \begin{cases} 2\dfrac{\partial\lambda}{\partial s^2} = \lambda^2 \overline{w}^1_{12} - \lambda w^1_{12}, \quad 2\dfrac{\partial\lambda}{\partial s^3} = \lambda^2 \overline{w}^1_{13} - \lambda w^1_{13} \\ 2\dfrac{\partial\lambda}{\partial s^4} = \lambda^2 \overline{w}^1_{14} + \lambda a \overline{w}^1_{17} + \lambda b - \lambda w^1_{14} \\ 2\dfrac{\partial\lambda}{\partial s^5} = \lambda^2 \overline{w}^1_{15} + \lambda b \overline{w}^1_{18} + \lambda a - \lambda w^1_{15} \\ 2\dfrac{\partial\lambda}{\partial s^6} = \lambda \overline{w}^1_{16} - \lambda w^1_{16}, \quad 2\dfrac{\partial\lambda}{\partial s^7} = \lambda \overline{w}^1_{17} - \lambda w^1_{17} \end{cases}$$

Din $ds^2$

$$(2)\quad \begin{cases} \lambda^3 \overline{w}^2_{13} + \overline{w}^2_{23}\lambda^2 a = \lambda w^2_{13} + a\dfrac{\partial\lambda}{\partial s^3} + \lambda\dfrac{\partial a}{\partial s^3} + \lambda a w^1_{13} \\ ab\lambda + \overline{w}^2_{14}\lambda^3 + \overline{w}^2_{17}\lambda^2 a + \overline{w}^2_{24}\lambda^2 a + \overline{w}^2_{27} a^2\lambda = \\ \qquad \lambda w^2_{14} + a\dfrac{\partial\lambda}{\partial s^4} + \lambda\dfrac{\partial a}{\partial s^4} + \lambda a w^1_{14} \\ \lambda^3 \overline{w}^2_{15} + \overline{w}^2_{16}\lambda^2 b + \lambda^2 a \overline{w}^2_{25} + \overline{w}^2_{26} b a \lambda = \lambda w^2_{15} + a\dfrac{\partial\lambda}{\partial s^5} + \lambda\dfrac{\partial a}{\partial s^5} + \lambda a w^1_{15} \\ \lambda^2 \overline{w}^2_{16} + \overline{w}^2_{26}\lambda a = \lambda w^2_{16} + a\dfrac{\partial\lambda}{\partial s^6} + \lambda\dfrac{\partial a}{\partial s^6} + \lambda a w^1_{16} \\ \lambda^2 \overline{w}^2_{17} + \overline{w}^2_{27}\lambda a + \lambda b = \lambda w^2_{17} + a\dfrac{\partial\lambda}{\partial s^7} + \lambda\dfrac{\partial a}{\partial s^7} + \lambda a w^1_{17} \\ \lambda^3 \overline{w}^2_{21} + \lambda^2 b \overline{w}^2_{23} = \lambda w^2_{21} + \dfrac{\partial\lambda}{\partial s^1} - a\dfrac{\partial\lambda}{\partial s^2} - \lambda\dfrac{\partial a}{\partial s^2} \\ \lambda^2 \overline{w}^2_{23} = \lambda w^2_{23} + \dfrac{\partial\lambda}{\partial s^3} \\ \lambda^2 \overline{w}^2_{24} + \overline{w}^2_{27} a\lambda = \lambda w^2_{24} + \dfrac{\partial\lambda}{\partial s^4} \\ \lambda^2 \overline{w}^2_{25} + \overline{w}^2_{26} b\lambda = \lambda w^2_{25} + \dfrac{\partial\lambda}{\partial s^5} + \lambda a \\ \lambda \overline{w}^2_{26} = \lambda w^2_{26} + \dfrac{\partial\lambda}{\partial s^6} \\ \lambda \overline{w}^2_{27} = \lambda w^2_{27} + \dfrac{\partial\lambda}{\partial s^7} \end{cases}$$

Eliminând derivatele $\frac{\partial\lambda}{\partial s^\alpha}$ $(\alpha = 3, \dots 7)$ din ultimele eq. se obține relațiile

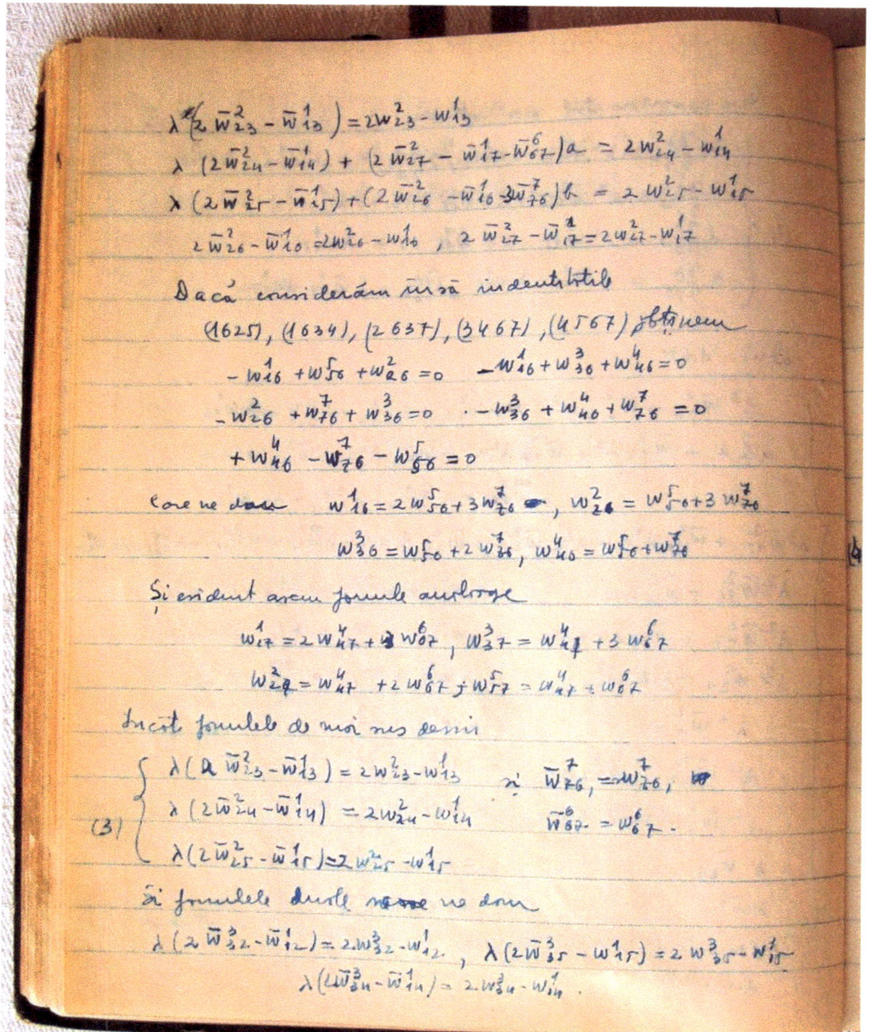

$\lambda(2\bar{w}^2_{23} - \bar{w}^1_{13}) = 2w^2_{23} - w^1_{13}$

$\lambda(2\bar{w}^2_{24} - \bar{w}^1_{14}) + (2\bar{w}^2_{27} - \bar{w}^1_{17} - \bar{w}^6_{67})a = 2w^2_{24} - w^1_{14}$

$\lambda(2\bar{w}^2_{25} - \bar{w}^1_{15}) + (2\bar{w}^2_{26} - \bar{w}^1_{16} - 3\bar{w}^7_{76})b = 2w^2_{25} - w^1_{15}$

$2\bar{w}^2_{26} - \bar{w}^1_{16} = 2w^2_{26} - w^1_{16}$, $2\bar{w}^2_{27} - \bar{w}^1_{17} = 2w^2_{27} - w^1_{17}$

Dacă considerăm însă indentitățile

(1625), (1634), (2637), (3467), (4567) obținem

$-w^1_{16} + w^5_{56} + w^2_{26} = 0$ $\quad -w^1_{16} + w^3_{36} + w^4_{46} = 0$

$-w^2_{26} + w^7_{76} + w^3_{36} = 0$ $\quad -w^3_{36} + w^4_{46} + w^7_{76} = 0$

$+w^4_{46} - w^7_{76} - w^5_{56} = 0$

care ne dau $\quad w^1_{16} = 2w^5_{56} + 3w^7_{76}$, $w^2_{26} = w^5_{56} + 3w^7_{76}$

$w^3_{36} = w^5_{56} + 2w^7_{76}$, $w^4_{46} = w^5_{56} + w^7_{76}$

Și evident acum formule analoage

$w^1_{17} = 2w^4_{47} + 3w^6_{67}$, $w^3_{37} = w^4_{47} + 3w^6_{67}$

$w^2_{27} = w^4_{47} + 2w^6_{67}$, $w^5_{57} = w^4_{47} + w^6_{67}$

Încît formulele de mai sus devin

$$(3)\quad \begin{cases} \lambda(2\bar{w}^2_{23} - \bar{w}^1_{13}) = 2w^2_{23} - w^1_{13} \\ \lambda(2\bar{w}^2_{24} - \bar{w}^1_{14}) = 2w^2_{24} - w^1_{14} \\ \lambda(2\bar{w}^2_{25} - \bar{w}^1_{15}) = 2w^2_{25} - w^1_{15} \end{cases}$$

și $\bar{w}^7_{76} = w^7_{76}$, $\bar{w}^6_{67} = w^6_{67}$.

Și formulele duale ne dau

$\lambda(2\bar{w}^3_{32} - \bar{w}^1_{12}) = 2w^3_{32} - w^1_{12}$, $\lambda(2\bar{w}^3_{35} - w^1_{15}) = 2w^3_{35} - w^1_{15}$

$\lambda(2\bar{w}^3_{34} - \bar{w}^1_{14}) = 2w^3_{34} - w^1_{14}$.

## *Clasificarea suprafețelor neolonome în un spațiu cu conexiune proiectivă*

## *Classification of nonholonomic surfaces in a space with projective connection*

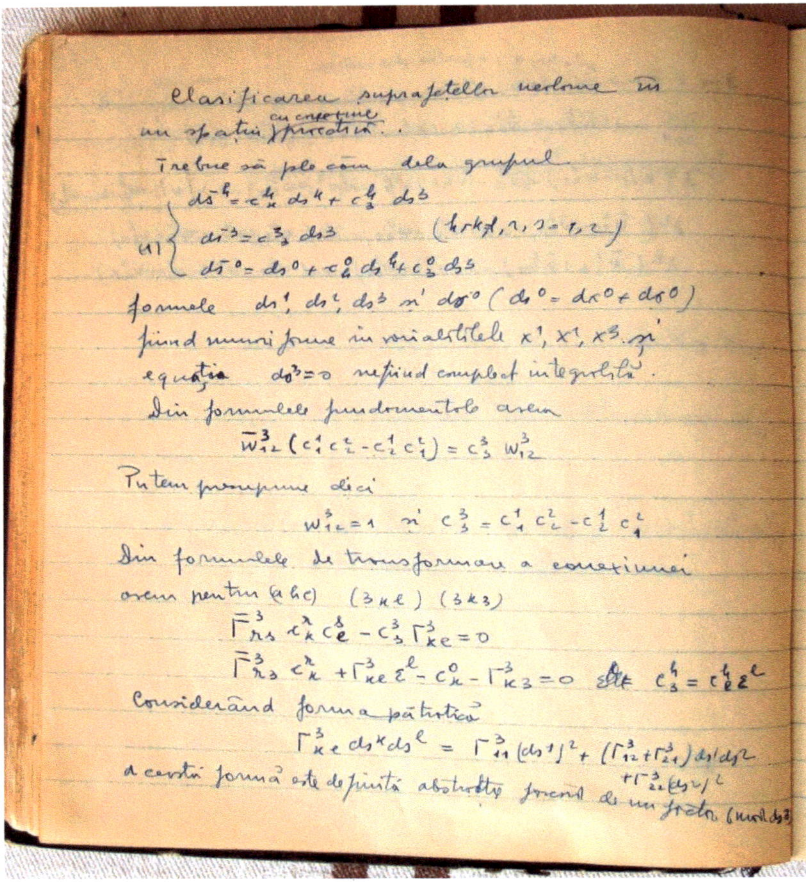

Clasificarea suprafețelor neolonome în un spațiu cu conexiune proiectivă.

Trebuie să plecăm dela grupul

$$(1)\quad \begin{cases} d\bar{s}^k = c^k_h ds^h + c^k_3 ds^3 \\ d\bar{s}^3 = c^3_3 ds^3 \qquad (h, k, l, r, s = 1, 2) \\ d\bar{s}^0 = ds^0 + c^0_h ds^h + c^0_3 ds^3 \end{cases}$$

formele $ds^1, ds^2, ds^3$ și $d\sigma^0$ ($ds^0 = dx^0 + d\sigma^0$) fiind numai forme în variabilele $x^1, x^2, x^3$ și ecuația $ds^3 = 0$ nefiind complet integrabilă.

Din formulele fundamentale avem

$$\bar{w}^3_{12}(c^1_1 c^2_2 - c^1_2 c^2_1) = c^3_3 w^3_{12}$$

Putem presupune deci

$$w^3_{12} = 1 \quad \text{și} \quad c^3_3 = c^1_1 c^2_2 - c^1_2 c^2_1$$

Din formulele de transformare a conexiunii avem pentru (a b c) (3 k l) (3 k 3)

$$\bar{\Gamma}^3_{rs} c^r_k c^s_l - c^3_3 \Gamma^3_{kl} = 0$$

$$\bar{\Gamma}^3_{r3} c^r_k + \bar{\Gamma}^3_{kl} \varepsilon^l - c^0_k - \Gamma^3_{k3} = 0 \quad \text{unde} \quad c^k_3 = c^k_l \varepsilon^l$$

Considerând forma pătratică

$$\Gamma^3_{kl} ds^k ds^l = \Gamma^3_{11}(ds^1)^2 + (\Gamma^3_{12} + \Gamma^3_{21}) ds^1 ds^2 + \Gamma^3_{22}(ds^2)^2$$

această formă este definită abstracție făcând de un factor (mod $ds^3$)

împreună cu $ds^3=0$

Egală cu zero definește în general două ~~suprafețe~~, congruențe ~~nedouble~~ distincte. În acest caz prin o transformare a grupului (1) putem să facem ca ele să fie chiar congruențele (1), (2). Deci să avem

$$\Gamma^3_{11}=0,\ \Gamma^3_{22}=0 \quad \Gamma^3_{12}+\Gamma^3_{21}\neq 0$$

și grupul se scrie

$$d\bar{s}^1 = \alpha\, ds^1 + \alpha\, \varepsilon^1 ds^3$$

$$d\bar{s}^2 = \beta\, ds^2 + \beta\, \varepsilon^2 ds^3$$

$$d\bar{s}^3 = \alpha\beta\, ds^3$$

$$d\bar{s}^0 = ds^0 + c^0_h\, ds^h + c^0_3\, ds^3$$

Presupunând încă că am ales $\Gamma^3_{k3}=0$ și

$$c^0_k = \Gamma^3_{kl}\,\varepsilon^l$$

Ori din formula ~~lui~~

$$~~\frac{\partial c^3_3}{\partial s^k} = c^1_1 \frac{\partial c^2_2}{\partial s^k} + c^2_2 \frac{\partial c^1_1}{\partial s^k}~~ \quad \frac{\partial c^1_2}{\partial s^1} = 0$$

obținem

$$\bar{\Gamma}^1_{21}\, c^2_2 c^1_1 - c^1_1 c^0_2 - c^1_1 \Gamma^1_{21} - c^1_3 \Gamma^3_{21} = 0$$

care devine

$$\bar{\Gamma}^1_{21}\, c^2_2 - \bar{c}^0_2 - \Gamma^1_{21} = 0 \quad \text{deci făcând}$$

$$\Gamma^1_{21}=0 \text{ și } \Gamma^2_{12}=0 \text{ avem}$$

$$c^0_1 = c^0_2 = c^1_3 = c^2_3 = 0 \quad \text{dacă} \quad \Gamma^3_{12}\neq 0\ \Gamma^3_{21}\neq 0$$

## *Reducerea la formă canonică a unei varietăți neolonome intrinsece $V_3^2$*

## *Reduction to a canonical form of a nonholonomic intrinsic variety $V_3^2$*

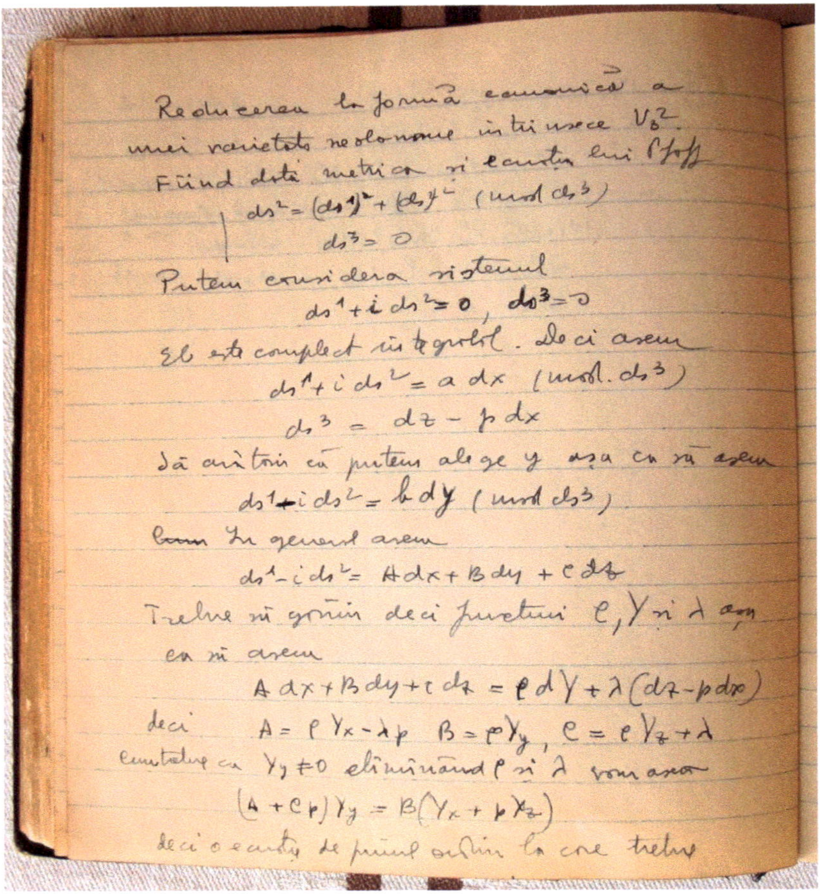
Reducerea la forma canonică a unei varietăți neolonome intrinsece $V_3^2$ și ecuația lui Pfaff

Fiind dată metrica

$$\begin{cases} ds^2 = (ds^1)^2 + (ds^2)^2 \pmod{ds^3} \\ ds^3 = 0 \end{cases}$$

Putem considera sistemul

$$ds^1 + i\,ds^2 = 0, \quad ds^3 = 0$$

El este complet integrabil. Deci avem

$$ds^1 + i\,ds^2 = a\,dx \pmod{ds^3}$$

$$ds^3 = dz - p\,dx$$

Să arătăm că putem alege $y$ așa ca să avem

$$ds^1 + i\,ds^2 = b\,dy \pmod{ds^3}$$

Cum în general avem

$$ds^1 - i\,ds^2 = A\,dx + B\,dy + C\,dz$$

Trebuie să găsim deci funcțiuni $\rho$, $Y$ și $\lambda$ așa ca să avem

$$A\,dx + B\,dy + C\,dz = \rho\,dY + \lambda(dz - p\,dx)$$

deci $A = \rho Y_x - \lambda p \quad B = \rho Y_y, \quad C = \rho Y_z + \lambda$

Cum trebuie ca $Y_y \neq 0$ eliminând $\rho$ și $\lambda$ vom avea

$$(A + Cp)\,Y_y = B(Y_x + p Y_z)$$

deci o ecuație de primul ordin la care trebuie

să satisfacă X.

Cum avem

$$ds^2 = \lambda^2\, dx\, dy \quad (\mathrm{mod}\ ds^3).$$

rezultă că varietățile reale vor avea

$$ds^2 = \lambda^2 (dx^2 + dy^2) \ \mathrm{mod}\ ds^3$$

$$ds^3 = dz - p\, dx$$

Vom zice că x, y sunt coordonate conforme pentru metrica varietăţilor verbale

o transformare

$$x = f(u\, v\, z), \quad y = \varphi(u\, v\, z)$$

este conformă dacă avem

$$f_u = \frac{1 - p f_z}{1 + p^2 \varphi_z^2} \left( - p \varphi_z \varphi_u + \varphi_v \right)$$

$$f_v = - \frac{1 - p f_z}{1 + p^2 \varphi_z^2} \left( \varphi_u + p \varphi_z \varphi_v \right)$$

Dacă

$$ds^3 = dz - p\, dx - q\, dy$$

$$f_u = \frac{\varphi_v (1 - p f_z - q \varphi_z) - [p \varphi_z + q f_z - (p^2 + q^2) f_z \varphi_z] \varphi_u}{(1 - q \varphi_z)^2 + p^2 \varphi_z^2}$$

$$f_v = \frac{- \varphi_u (1 - p f_z - q \varphi_z) - (p \varphi_z + q f_z - [(p^2 + q^2) f_z \varphi_z]) \varphi_v}{(1 - q \varphi_z)^2 + p^2 \varphi_z^2}$$

să satisfacă γ.

Cum avem

$$ds^2 = u^2\, dx\, dy \pmod{ds^3}.$$

rezultă că varietățile vor avea

$$ds^2 = u^2(dx^2 + dy^2) \bmod ds^3$$

$$ds^3 = dz - p\,dx$$

Vom zice că $x, y$ sunt coordonate conforme pentru metrica varietăților elementare

o transformare

$$x = f(u\,v\,z)\,,\quad y = \varphi(u\,v\,z)$$

este conformă dacă avem

$$f_u = \frac{1 - p f_z}{1 + p^2 \varphi_z^2}\left(-p\varphi_z \varphi_u + \varphi_v\right)$$

$$f_v = -\frac{1 - p f_z}{1 + p^2 \varphi_z^2}\left(\varphi_u + p\varphi_z \varphi_v\right)$$

Dacă

$$ds^3 = dz - p\,dx - q\,dy$$

$$f_u = \frac{\varphi_v\left(1 - p f_z - q\varphi_z\right) - \left[p\varphi_z + q f_z - (p^2+q^2) f_z \varphi_z\right]\varphi_u}{(1 - q\varphi_z)^2 + p^2\varphi_z^2}$$

$$f_v = \frac{-\varphi_u\left(1 - p f_z - q\varphi_z\right) - \left(p\varphi_z + q f_z - \left[(p^2+q^2) f_z \varphi_z\right]\right]\varphi_u}{(1 - q\varphi_z)^2 + p^2\varphi_z^2}$$

Dacă $\varphi_z = 0$, avem

$$f_u = (1 - p f_z)\varphi_v$$

$$f_v = -(1 - p f_z)\varphi_u$$

și din egalarea derivatelor

$$f_{uv} = f_{vu}$$

avem

$$\varphi_{uu} + \varphi_{vv} - f_z\left[p(\varphi_{uu} + \varphi_{vv}) + p_y(\varphi_u^2 + \varphi_v^2)\right] = 0$$

Punând

$$\Delta\varphi = \varphi_{uu} + \varphi_{vv} \qquad \varphi_u^2 + \varphi_v^2 = \delta\varphi$$

$$f_u = \frac{p_y\,\delta\varphi \cdot \varphi_v}{p\Delta\varphi + p_y\delta\varphi}$$

$$f_v = -\frac{p_y\,\varphi_u\,\delta\varphi}{p\Delta\varphi + p_y\delta\varphi}$$

$$f_z = \frac{\Delta\varphi}{p\Delta\varphi + p_y\delta\varphi}$$

Dacă $p$ nu depinde de $u$ și $z$ atunci $f_u, f_v$ nu depind de $z$ și prin urmare $f_z$ este o constantă $k$.

și avem. $k\Delta\varphi = p\Delta\varphi + p_y\delta\varphi$

$$(p-k)\Delta\varphi + p_y\delta\varphi = 0$$

este ecuația la care satisface $\varphi$. unde $p$ este funcție de $\varphi$.

deci avem $\left(p(\varphi) - k\right)\Delta\varphi + p'(\varphi)\delta\varphi = 0$

## *Grup cu un parametru cu compoziție aditivă*

## *One- parameter group with additive composition.*

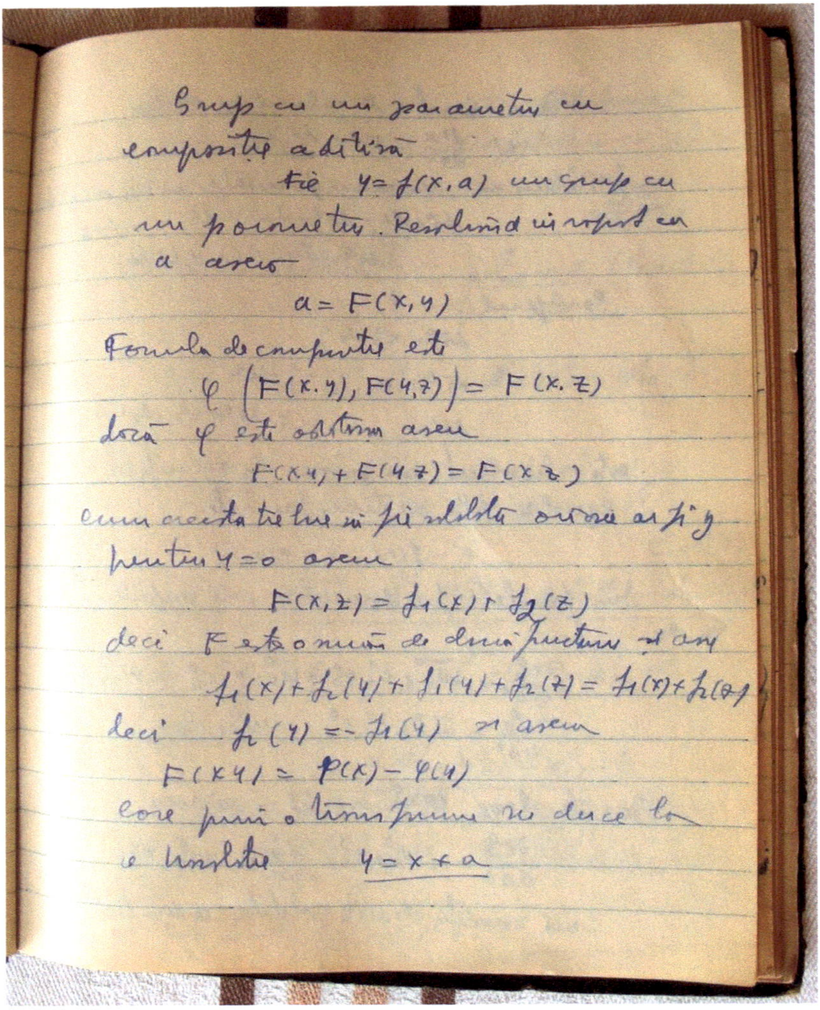
Grup cu un parametru cu compoziție aditivă

Fie $y = f(x, a)$ un grup cu un parametru. Rezolvând în raport cu $a$ avem

$$a = F(x, y)$$

Formula de compoziție este

$$\varphi\big(F(x, y), F(y, z)\big) = F(x, z)$$

dacă $\varphi$ este adunare avem

$$F(x, y) + F(y, z) = F(x, z)$$

cum aceasta trebuie să fie valabilă oricare ar fi $y$ pentru $y = 0$ avem

$$F(x, z) = f_1(x) + f_2(z)$$

deci $F$ este o sumă de două funcții și avem

$$f_1(x) + f_2(y) + f_1(y) + f_2(z) = f_1(x) + f_2(z)$$

deci $f_2(y) = -f_1(y)$ și avem

$$F(x, y) = \varphi(x) - \varphi(y)$$

care printr-o transformare se duce la o translație $y = x + a$

Fie o ecuație de ordinul al doilea

$$(1) \quad \frac{d^2x}{dt^2} - F\left(x, \frac{dx}{dt}, t\right) = 0$$

Putem să-i asociem formele în trei variabile

$$ds^0 = dt, \quad ds^1 = dx - y\,dt,$$
$$ds^3 = dy - F(x, y, t)\,dt$$

Grupul

$$d\bar{s}^0 = c_0^0\, ds^0;$$
$$d\bar{s}^1 = c_1^1\, ds^1$$
$$d\bar{s}^2 = c_1^2\, ds^1 + c_2^2\, ds^2$$

este echivalent cu găsirea invarianților ecuației față de transformările

$$t' = f(t), \quad x' = \varphi(x, t)$$

Din formulele fundamentale ale grupului avem.

$$\frac{\partial c_0^0}{\partial s^1} = \bar{w}^0_{01} c_1^1 c_0^0 + \bar{w}^0_{02} c_1^2 c_0^0 - w^0_{01} c_0^0$$
$$\frac{\partial c_0^0}{\partial s^2} = \bar{w}^0_{02} c_2^2 c_0^0 - w^0_{02} c_0^0$$

Se poate alege $c_0^0$ în așa fel ca să avem

$$\frac{\partial c_0^0}{\partial s^1} = -w^0_{01} c_0^0, \quad \frac{\partial c_0^0}{\partial s^2} = -w^0_{02} c_0^0$$

căci condițiile de integrabilitate a acestui

# GHEORGHE VRANCEANU

## Biographical highlights

In the mathematical literature, Gheorghe Vrănceanu is known as a brilliant mathematician, the discoverer of non-holonomic spaces.
He left behind a significant scientific work, published over 300 articles in journals all over the world. Was an excellent teacher and wrote teaching text. Very appreciate are the four volumes on Differential Geometry.
Gheorghe Vranceanu was a member of the Romanian Academy, from 1964 president of the Mathematics Section of the Romanian Academy and a member of the International Committee of the International Mathematical Union.
Vrănceanu was awarded many honorary degrees from Universities in Romania, Italia, Belgien.

Gheorghe Vrănceanu was born June 30, 1900, Valea Hogii, com. Lipova, Bacău County.

He attended the primary school in his own village and the High School in Vaslui.

As winner of an "Adamachi" scholarship, 1919 Vrănceanu starts studying mathematics at the University Al.I. Cuza in Iaşi, from where he graduates in 1922. Here he had the chance of being the student of great professors as Alexandru Miller, Vera-Miller-Lebedev and Simion Sanielevici.

After a short visit to Göttingen, Vrănceanu reaches Rome and starts to work on his doctorate at the Universita di Roma La Sapienza having as supervisor the famous mathematician Tullio-Levi-Civita.

He passes his dissertation with the title *Sopra una teorema di Weierstrass e le sue applicazioni alla stabilita on* 5 November 1924. The examining board was headed by Professor Vito Volterra.
Returning to Iasi, 1926 he was appointed as a lecturer at the University AI.I. Cuza. As the winner of a Rockefeller scholarship, Vrănceanu spends 1927-1928 in France and United States where he studied at Harvard and Princeton. In these two years, he got the opportunity to meet and work with ones of those considered as the elite of mathematics in that times, as Elie Cartan, G.D. Birkhoff or O. Veblen.
Returning to Romania in 1926, Vrănceanu has been appointed as professor of Analytical Geometry and later professor of Differential and Integral Geometry at the University of Cernăuţi in Bucovina. He spent there ten years until 1939 when he moved to the University of Bucharest as the successor of Professor Gheorghe Ţiţeica as Head of the chair of Analytical and Superior Geometry, later on, transformed in the chair of Geometry and Topology. After a remarkable scientific, didactic and social activity, Gheorghe Vrănceanu passed away 21. april 1979 in Bucuresti.